108 課綱財金素養

세금 내는 아이들

教室裡的理財冒險王

在賺錢、繳稅、創業、投資中，培養受用一生的財商思維

玉孝珍 — 著　金美妍 — 繪
賴毓棻 — 譯

前提
書中提到的稅金、金融商品和信用等級都是為了教育目的，
以陽樂多班的程度為基準簡化過的項目，可能會與實際情況不同。

三民書局

審定推薦

這本書透過角色扮演，讓小朋友理解：一個國家需要各類國民，在各自的工作崗位上做好本分，並且互相分工合作才能夠運作。

有些小朋友選擇擔任受雇者，透過提供勞務賺取所得，並且利用所得進行各種經濟決定：合法繳稅、消費、儲蓄、金融投資等；有些小朋友則選擇擔任企業主，透過採取各種經營策略，體驗到要獲得企業利潤是多麼地不容易。

透過實際交易，小朋友們學到一個國家需要法定貨幣來支撐各種經濟交易活動；透過面對各種風險，小朋友們認知到政府提供的社會保險可以幫助他們因應未來各種的不確定性。

雖然是一本兒童故事書，但卻涵蓋了各種重要的經濟概念，值得推薦給小朋友當課外讀物。

國立政治大學 財政學系教授　吳文傑

好評推薦

經濟教育並不能等到長大成人之後才開始，而是必須從小就在日常生活中不斷的經歷和體會。要從小就明白金錢的重要性，養成正確的消費和明智的投資習慣，才能讓看待未來的視角變得更加寬廣和多彩。希望孩子們可以透過「在教室裡邊玩，邊自然養成經濟習慣」的這本書，未來成長為一個獨立的經濟個體。

Meritz Financial Group 代表　John Lee

在看完這本書之後，可能有些人會驚訝的說出「現在的孩子真的都像這樣思考、這樣對話的嗎？」這種話來。然而，就像在YouTube《繳稅的孩子們》頻道中看到的一樣，如果是在教室裡實踐經濟教育的老師們，就能馬上知道這本故事中的對話，正是孩子們實際的言論。世界變化得很快，教育的改變卻很緩慢。孩子們會根據經歷了什麼樣的事件而有不同成長，擁有著無窮無盡的可能性。這本書在保有教育真實性的同時，邀請我們經歷了一場「有如慶典般體驗」的經濟教育。身為一位致力於將孩子們與實際生活連貫起來而實踐教育的老師來說，真的感到非常開心。

韓國「經濟金融教育研究會」李恩珠老師

在遇到老師之前，我不僅一點都不關心經濟，甚至連這個詞都讓我感到陌生。但是在班上體驗輕鬆有趣的班級貨幣活動過程中，讓我開始對經濟產生了興趣，也感到非常有趣。在進行投資股票的活動中，我變得會和爸媽一起看著新聞，自然的和他們聊起經濟的話題，也學到了對金錢的責任感。

繳稅的孩子　趙允瑟

透過和老師一起進行的班級貨幣活動，讓我不僅有了工作、領到了薪水，還能藉由體驗稅金、存款、投資這些各種經濟活動來達到學習效果。班級貨幣這種特殊體驗，讓我可以接受親自參與和領悟的經濟教育，而不是那種只會用口頭解釋的枯燥理論。感謝老師替我帶來意義深遠的六年級生活。

繳稅的孩子　楊承宇

和老師一起生活的這一年來，讓我可以用輕鬆有趣的方式學習在其他地方都學不到的經濟知識。

繳稅的孩子　金敏珠

作者的話

邀請各位來到以金錢運轉的教室

大家對錢有什麼看法呢？我認為錢是人生中不可或缺的東西之一。為了吃到好吃的食物、生病時可以接受治療或購買喜歡的商品等等，這些事情都需要用到錢。那麼對於這麼重要的金錢，各位又了解多少呢？你們曾學過有關錢的概念嗎？父母或學校曾教過你們很多關於錢的知識嗎？我想應該有很多人不曾好好學過這些知識吧。或許也有人會像我一樣，聽到人家說「小孩子談什麼錢啊！」

無論是以前或是現在，老師和家長似乎都不太對我們提到有關「錢」的事情。但是如果有間能讓孩子們在裡面賺錢、繳稅，進行儲蓄和投資的教室，又會怎麼樣呢？說不定有人會像迎接新學年新學期的到來，遇到新班導的始宇和其他同學一樣，認為這「太誇張了，怎麼有辦法在教室裡做這些事情？」吧。但這本書裡所有的活動和內容，都是在我現實生活中的國小教室裡發生的事情喔。這本書是身為國小教師的我，以每年和班上同學進行的「班級貨幣」活動作為背景寫出的故事呢。

即使你們想對經濟或金融產生興趣，但卻認為這些都是在大人生活中才會發生的事情，所以覺得很困難吧？因為像是利率、投資、稅金這些話題，和你們的生活確實距離非常遙遠呢。但如果各位的學校生活融入了這種經濟概念又如何呢？會覺得上學非常有趣，每天都迫不及待的想去上學，也能自然而然學到有關金錢的概念吧？只要跟著始宇和其他同學一起共度這一年生活，相信各位一定也能和經濟變得更加親近一些呢。

只讀完一本書，是無法全面了解經濟或金融的。但我相信，只要以這本書作個開端，讓各位開始對經濟和金融產生興趣，那麼當你們長大成人後，一定不會因為不懂經濟知識而遭遇到這方面的難題。希望這本《教室裡的理財冒險王》能夠幫助各位踏出邁向明智經濟生活的第一步。

玉孝珍　老師

第一章

繳稅的孩子們

小學生
也要領月薪？

「媽！給我零用錢，我放學之後要去吃辣炒年糕。」

升上六年級的第一天，正要踏出玄關門的始宇，停下腳步向媽媽要零用錢。

「我上次不是才給過你嗎？這麼快就花光了？」

媽媽皺著眉頭唸了一句，無奈的從皮包裡掏出兩張一萬韓圓的鈔票。

「這是這個月的最後一次喔，省著點用！」

「……好。」

始宇敷衍的回答，從媽媽手上搶過錢

後就走出玄關。河鎮正在家門外等著他。

「喂！朱始宇，你怎麼這麼慢。」

「抱歉，抱歉。Sorry，Sorry 啦！」

「你害我們第一天上課要遲到了。」

始宇將兩萬韓圓鈔票當扇子搧風。

「我剛才拿到我媽給的零用錢囉，放學之後一起去吃辣炒年糕吧？」

「真的嗎？」

「當然啊！今天是我晚到，所以由我請客！」

河鎮笑得連牙齦都露出來了。

「都河鎮，你還在幹嘛？……快跑啊！我們要遲到了！」

始宇突然毫無預警的跑了起來。

「喂，等等我。」

河鎮也揹起包包，跟在始宇後面跑了起來。

「如果你沒抓到我，就沒辣炒年糕可吃囉！還不快跟上！」

一聽到「沒辣炒年糕可吃」，河鎮突然加快了速度。

兩人在進到校門後，一邊喘著氣，一邊穿越操場。

「河鎮，你覺得我們班導會是個什麼樣的老師啊？」

「不知道。但如果是一個可以讓我們多打躲避球、少出一點功課的老師就好了。」

「那當然好。只要不是兇巴巴的老師就行了。我們五年級時的班導真的很可怕。對了，你剛才跑輸我，所以辣炒年糕就不算數囉。」

「啊，哪有這種事！」

「要不要找媛熙去呢……」

「你真的要這麼狠嗎？我們的友情難道就只有這樣嗎？」

「好啦，放學後一起去吧。我請你吃起司炒年糕。」

「喔耶！」

兩人在一樓換好室內鞋後，就爬著樓梯走上位於五樓的六年一班。

一走到教室門口，老師就從前門探出頭來。

「嗨，始宇、河鎮，很高興見到你們。」

「啊……老師好！」

始宇和河鎮一臉慌張的低下頭來。

「始宇，老師怎麼會知道我們的名字啊？」

河鎮低聲的問著始宇。

「我也不知道，他有見過我們嗎？」

當始宇和河鎮一走進教室，馬上就知道原因了——除了他們兩人之外，其他的同學早就全都坐在自己的位子上。兩人急忙坐到分成三列的第一列位子上。

老師微笑著，用溫柔的聲音向大家自我介紹。

「好，現在大家都到齊了，老師就來自我介紹一下。我是今年剛到彩虹小學任職的閔政賢老師。很高興認識大家。」

孩子們鼓掌表示歡迎。始宇覺得幸好不是兇巴巴的老師。在簡短的自我介紹結束後，老師拿起粉筆，開始在黑板寫上這些字：

銀行員、統計局長、國稅局長、清潔工、新聞記者……

黑板上寫滿了各種職業。

「老師在寫什麼啊？」

「看他寫的都是一些職業，是不是要我們說說自己未來的志願，進行自我介紹啊？」

一聽到未來志願，始宇立刻皺起眉頭。他從來都沒有認真思考過自己長大成人之後要做什麼工作。

老師放下粉筆說：

「好，各位同學。今年我們班要舉辦一個有趣的活動。你們只要從黑板上這些職業中選出其中一項，就能每個月都領一次薪水。」

在老師出乎意料之外的說明下，同學們開

始鬧哄哄的討論起來。

「老師，你真的要給我們錢嗎？」

秀晶忍不住好奇舉手問老師。

「我不是要給你們真正的錢，是要給你們只有在我們班才可以使用，名為『微笑』的貨幣。只要把我們班當作是一個使用『微笑』這種貨幣的國家就行了。詳細的內容我之後會再向你們一一說明。大家請先想好自己想要的職業，在這週五之前交上來。下週一我們會決定最終的職業。」

老師接著說：

「啊，對了。每項職業需要的資格都不一樣，在申請之前，請務必先仔細的確認過那些條件。申請表後面寫有職業的種類和工作內容、申請資格，還有相應的薪水。來，我現在將申請表發下去，大家仔細閱讀一下。」

「哇，這個感覺真有趣。」

孩子們的臉上原本因新學期第一天上課而緊張僵硬的表情，已經開始被滿滿的好奇心給取代了。

孩子們為了查看申請表，整間教室瞬間安靜了下來。

「還有請各位在提交申請表時，同時幫忙想一下，我們六年一班這個國家該取什麼名字才好。這個會有獎金喔，所以請大家熱烈參與。」

職業類別				
職業	招聘人數	工作內容	薪水	需求資格
銀行員	2	確認薪水 銷售、管理儲蓄商品	230 微笑	評價考試 數學 80 分以上
統計局長	1	確認提交 簽呈	220 微笑	評價考試 數學 70 分以上
信用評價委員長	1	管理我們班的信用等級	200 微笑	評價考試其中一項科目 70 分以上
酪農協會	1	負責發放牛奶	220 微笑	
清潔工	4	打掃教室（3 人） 打掃走廊（1 人）	250 微笑	
資源回收業者	2	資源回收	200 微笑	
警察	1	管理罰款	210 微笑	評價考試 國語或社會 70 分以上
…	…	…	…	…

「好希望每天都能像今天一樣只上半天喔，這樣上學可就有趣多了。」

「如果可以這樣，就真的太好了。在每天去上補習班之前，先去打個棒球或去個網咖，光用想的就很棒。」

始宇和河鎮手上一邊把玩著棒球，一邊走出校門。

「喔，那是媛熙耶。媛熙！」

河鎮看到走在前面的媛熙，大聲喊道。腳步特別快的媛熙聽見他的叫喚聲後轉過頭來。

始宇、河鎮、媛熙三人是在上五年級時，一起參加樂樂棒球社團而變成死黨的。

「你們兩個要去哪裡？」

「我們要去新開的小吃店吃辣炒年糕，妳要不要一起去？」

媛熙嘆了口氣說：

「我的零用錢都花光了。」

「來吧，今天我請客。」

始宇得意的聳著肩膀說。

他們三人在小吃店裡的一角就坐後，便點了三人份河鎮推薦的起司炒年糕。

「你們覺得班導怎麼樣？」

始宇像是挨不住餓似的，用門牙咬著先送上桌的醃蘿蔔問。

「老師人好像不錯耶？他一直笑嘻嘻的。」

河鎮回想起自己對班導師的第一印象。媛熙也附和著說她也覺得好像是那樣沒錯。始宇一邊從包包裡拿出職業申請表，說著：

「我覺得我們班導好像蠻特別的，他竟然說要給國小生薪水耶。我上學到現在，從沒遇過這種事情。」

媛熙也咬了一口醃蘿蔔，開口說了：

「是那樣沒錯啦，但你們不覺得很有趣嗎？那叫什麼？是微笑嗎？老師不是說領到薪水之後，可以用那個買零食吃，還能用那個買免寫日記券嗎？」

「對啊，感覺好像很有趣。」

正當河鎮打算繼續說下去時，有張熟悉的臉突然出現在他們三人的座位附近。

「別忘了還能買位子。」

「啊！嚇我一跳。」

三人不約而同的一起叫出聲來。當他們平復完有如豆子般渺小的心臟後，看向那張突然冒出的臉，原來是戴著圓框眼鏡的世浣。

「喂，南世浣！你害我嚇一跳！」

「希望你們知道，你們現在坐的這張桌子，其實是我的位子。」

世浣指向一張空著的椅子，上面有他的書包。三人滿腦子就只想著要快點吃到辣炒年糕，根本就沒注意到那個包包。這麼說來，他們剛才還沒點餐，桌上就已經放著醃蘿蔔了，這點確實有些奇怪。

「我只是去上個廁所，竟然……你們可以讓開嗎？」

始宇、河鎮、媛熙二話不說的立刻收拾好行李，移到另一張空桌。過了一會兒，他們點的起司炒年糕上桌了。

「起司炒年糕，味道如何？」

「哇，起司正好中和了炒年糕的辣味，簡直太夢幻了。」

「你也太誇張了吧。」

「我才沒誇張呢。」

「話說回來，始宇，你要申請什麼職業？」

「我？嗯……我肯定是選薪水最高的那個。」

肚子差不多已經填飽的始宇，又再一次拿出職業申請表，開始仔仔細細的查看上面的職業類別。他的手指迅速的往下移動，最後停在某個地方。

「我要選清潔工！招聘人數四人，月薪250微笑，不需要任何特殊資格。就是這個！薪水最多的職業，我要選這個。你們也一起選清潔工吧。」

「我可沒辦法。清潔工要在每天放學後都留下來打掃，但我討厭打掃。不過始宇，你真的沒問題嗎？你要當清潔工？」

非常了解始宇的河鎮一臉擔憂的看著他。

「不知道，但我就是喜歡薪水多的職業。無論如何都會有辦法的啦。媛熙，妳要選什麼？」

「我要選警察，你們不覺得很帥嗎？如果你們一直吵鬧，我就把你們通通抓起來。」

「抓什麼抓啊？妳明明就連一隻螞蟻都抓不到。而且我沒信心能在評價考試拿到七十分以上，放棄！」

「你怎麼還沒考就放棄了？」

河鎮和媛熙哈哈大笑，始宇也一起笑了。

過了一會兒，始宇用斜眼偷偷看向世浣。他很好奇世浣會選什麼工作。如果和他一起當清潔工，一定會很累人。始宇轉身走向世浣。

「南世浣，你要選什麼職業？」

世浣的口中正在咀嚼炒年糕，於是向始宇舉起左手掌。意思就是「我正在咀嚼食物，你等一下」。

「果然是討厭鬼啊，南世浣。」

始宇心想。世浣吞下口中的炒年糕後，用紙巾擦了擦嘴角，再用開水漱了漱口，才開口說：

「我要選銀行員。如果想要執行銀行業務，應該要很會計算才行。總之不管怎麼說，還是交給數學好的我擔任比較好吧。在數學評價考試中必須拿到八十分以上，這對我來說，根本就是易如反掌、區區小事而

學校前辣炒年糕
2500元×3=7500元
10000元－7500元
我零
2500元
韓國銀行
一千元
1000

己嘛。」

「你不會當清潔工吧？」

始宇覺得自己白問了。

「夥伴們，吃完了就走吧。」

始宇走向收銀台。他掏出一張一萬韓圓交給老闆，然後將老闆找他的一千韓圓零錢塞入口袋。

「始宇大人，感謝您的招待。」

始宇一走出店門，河鎮和媛熙就向他彎腰九十度的鞠個躬。

「嗯，很好。」

始宇覺得心情莫名的好。不過世浣

立刻追出來，摸了摸眼鏡說：

「始宇，你是笨蛋嗎？」

「喂，你沒事幹嘛突然向我挑釁？我怎麼會是笨蛋！」

「起司炒年糕一人份是二千五百韓圓，你們三個人點了三人份，不是七千五百韓圓嗎？」

「咦？可是老闆只找了一千韓圓耶……。」

河鎮瞪大雙眼，有些激動的說：

「沒錯，沒錯！我記得菜單上起司炒年糕的標價寫著二千五百韓圓！」

媛熙也說自己看得很清楚。

「是二千五百韓圓沒錯。」

「真的嗎？那我得再去找更多錢回來了。」

始宇急急忙忙的再次走進店裡。

「唉，麻煩啊，麻煩。我看他以後連自己薪水少了都不知道吧？」

河鎮和媛熙看著始宇的背影，嘖嘖咂著嘴說。

決定陽樂多國民的職業

「好，就像我先前預告的，今天是決定職業的日子。各位陽樂多的國民們，都已經交上你們的職業申請表了吧？」

「交了！」

孩子們異口同聲的回答老師的提問。

他們在小學的最後一年——六年級的生活，從一開始就過得與眾不同。彩虹國小六年一班的學生現在不再將六年一班稱為「我們班」，而是稱之為「我們國家」。甚至還透過公開徵選，決定了國名——「陽光樂觀開朗話很多，簡稱『陽樂多』」，提出這個名字的太陽還因此得到了100微笑作為獎金。而今天正是決定陽樂多國民職業的日子。

「各位交的職業申請書老師都仔細看過了。大家都有好好選擇符合自己資格的職位申請呢。好，那麼先來選拔郵差。我們將會選出兩位郵差，每人的薪水是210微笑。請所有郵差申請人站起來。」

郵差負責的工作是幫忙分發家長通知書或教室外的跑腿。令人意外的是，郵差這個職業在同學間大受歡迎。老師才剛說完話，馬上就有十位同學從座位上起身，裡面甚至還有先前說要當警察的媛熙呢。

「媛熙不是說要申請當警察嗎？」

始宇向河鎮問道。

「聽說她害怕自己當不上警察，所以申請了一堆職業。我也申請了六種職業呢。始宇，你申請了幾種？」

「咦？可以申請好幾種職業嗎？我就只有申請清潔工……」

稍後，為了選出班上的郵差，進行了一場猜拳大賽。媛熙像是抱著必勝的決心似的，高喊「加油」替自己打氣。

「好，那我們就靠猜拳決定。剪刀、石頭、布！」

經過了幾次猜拳後，最後決定是由政國和正煥擔任郵差。

「唉～」

進入最後一輪的媛熙發出了充滿遺憾的嘆息。當上郵差的政國和正煥在原地開心的蹦蹦跳跳，藏不住內心的喜悅。接著依序又選出了氣象局長、國稅局長、統計局長、銀行員、投資公司職員等職業。

「好，接著我們來選出最後的清潔工吧？」

終於輪到要來決定始宇申請的清潔工了。始宇從位子上起身後，為了確認有幾個人申請，稍微環顧了一下四周。他舉起手指，一個個的數了數。

「一、二、三、四……咦？」

有四個人。

「老師！我們要選出四個人，正好就只有四個人申請呢。」

或許是必須等到所有課都上完之後才能工作的職業，所以即使薪水最高，也沒有多少人想申請當清潔工。

「恭喜各位，這樣就不必猜拳，也能全員當上清潔工呢。」

始宇握緊雙拳坐在自己的位子上。現在所有職業都決定好了。河鎮擔任負責在下課時間資源回收的資源回收業者；媛熙申請了七種職業，在歷經六次猜拳失敗後，最後當上陽樂多電力公司的職員。電力公司職員要負責開關教室裡的冷暖氣機和電燈。

「好，各位同學。現在所有陽樂多國民的職業全都決定好了。希望大家都能善盡其責，為我們的國家努力工作。第一份薪水將會在從今天算起的一個月後，也就是四月九日當天收到。」

「是！」

一聽到要領薪水，大家都興奮起來了。始宇、河鎮和媛熙也都提高聲量，說希望這個月可以趕快過去，快點領到薪水。

今天也是由氣象局長太陽打開窗戶讓教室通風，並在懸浮微粒佈告欄寫上懸浮微粒濃度來開啟陽樂多國一天的早晨。決定職業至今已經過了三週。一開始感到陌生的孩子們也隨著時間流逝，慢慢熟悉了自己的工作。

「各位！請將日記交上來，交日記了！還有家長通知書！」

統計局長宣怡拿出統計局帳簿，向同學們大聲喊話。同學們紛紛從書包裡拿出日記簿和家長通知書，在宣怡面前排成一排。

「始宇，我們去交日記簿和家長通知書吧。」

河鎮一邊看著始宇，一邊從書包裡拿出日記簿和家長通知書。始宇半趴在自己的書桌上，沒有回應河鎮的話。

「朱始宇，我們去交日記吧！」

河鎮拍拍始宇的肩膀。

「等一下，我快寫好了。完成！日記果然就是要早上寫才像樣嘛。」

「反正都是要寫，那在前一天晚上先完成不是更好嗎？」

「你非得要像我媽一樣說話嗎？反正等我領到薪水後，第一件要做的事，就是買一堆免寫日記券。」

始宇開始將手伸進書包裡翻找家長通知書。

「找到了！家長通知書！」

始宇拿著日記簿和皺巴巴的家長通知書走向統計局長。

「統計局長，這是朱始宇的日記簿和家長通知書。」

「始宇，你的家長通知書上面是一片空白耶？」

「什麼？」

始宇為了確認內容，從宣怡手上拿回家長通知書一看，發現就像她說的一樣，家長通知書上的空格裡連半個字都沒有。

「沒有父母簽名的家長通知書都會當作沒交。我會在統計局帳簿中標記你缺交。」

宣怡堅決的說。

「啊……不！我忘了拿給我媽看。」

始宇用雙手抱頭大叫。

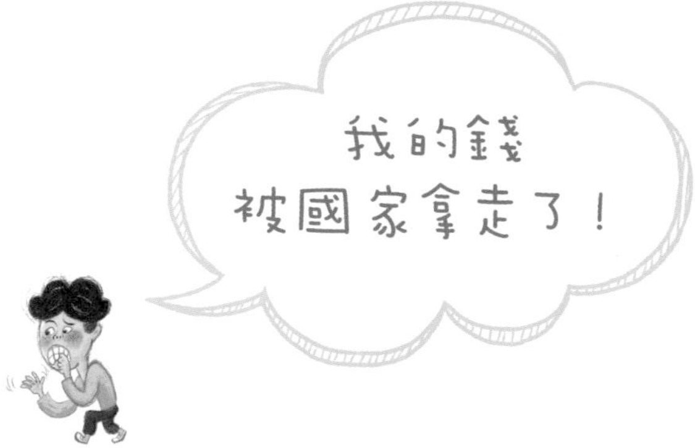

在教室後方的佈告欄上，貼出了四月的薪資明細表。

那一瞬間，同學們全都一窩蜂的湧向佈告欄前。始宇就像長頸鹿一樣的伸長脖子，確認自己的薪資。

「190微笑？為什麼就只有這樣？我的薪水可是250微笑耶！」

「看來是稅金吧。」

在人群之中，有人說出了「稅金」這兩個字。

「什麼稅金……」

始宇嘀咕著確認薪資明細表。

「這是什麼？這未免也太過分了吧？明明就是我認真工作賺來的錢，為什麼要拿走這麼多稅金？60微笑就這麼沒了。那可是足足有60微笑耶。」

始宇似乎還難以置信，又再確認了好幾次薪資明細表。雖然他也曾懷疑是不是自己看錯了，但不管再看多少次，190這個數字卻不曾變過。

這時，後方突然出現了一個比始宇高一顆頭的巨大影子。

「老師之前說過了啊，會向大家收稅來購買我們班上的必需品，或是用來替班上同學舉辦一些活動。」

「啊！嚇我一跳！」

始宇驚訝的回頭一看，後面站著愛管閒事、正在將眼鏡扶正的世浣。

「南世浣，我又沒有問你。」

「我也沒在跟你說話啊。總之，不要忘記你們現在正在看的薪資明

<4月9日薪資明細表>
請確認自己的本月薪資後 在存摺寫上實領金額 交給銀行員確認
姓名 職業 薪資 所得稅20% 健康保險費 電費 實領金額
×××
都河鎮 資源回收業者 200微笑 40微笑 5微笑 5微笑 150微笑
○○○
□□□
朱始宇 走廊清潔工 250微笑 50微笑 5微笑 5微笑 190微笑
為什麼只有這樣?

細表用的紙張和墨水，也是從我們的稅金裡支出的。這些稅金可不是白收的。從升上六年級的那天起，我們就成為了納稅人。」

就像已經說完自己該說的話似的，世浣轉身背向始宇，從置物櫃裡依序取出今天上課要用的課本，接著就回到自己的座位上。始宇不知為何，覺得世浣非常令人討厭。

「不過你不覺得辛苦了一個月，能拿到薪水還是很棒嗎？」

河鎮笑嘻嘻的說。

「棒什麼棒啊，我只覺得好像遭了小偷一樣。」

始宇在存摺簿寫上「薪資190微笑」，接著出示給銀行員子英看過，得到一個「確認入帳」的章。不管怎麼樣，這可是他生平領到第一份的「薪水」。

「我的好朋友河鎮啊，你領到了薪水之後打算怎麼花呢？」

始宇將存摺打開又闔上，接著又不停的撫摸，同時看向河鎮。

「這個嘛，我得再好好思考一下。如果把薪水花光，之後就沒有錢可用了。」

「反正在一個月之後又能領到薪水啊，還是先花再說吧。」

始宇正思考著該怎麼花這筆薪水。這時他似乎想到一個好主意，露出了燦爛的微笑。

「好啊，真不錯。我要去買免寫日記券了！還要買可以先吃營養午餐的打菜優先券。哇，真開心！」

國稅局長世晶在佈告欄貼上一份名為「我們班的稅金」的公告。始宇在世晶旁邊探頭探腦，隨即開口詢問。

「這次總共收到了多少稅金？」

「由於所得稅率是20%，所以一共從全體國民身上收到了1,136微笑的所得稅。」

「哇！1,136微笑！也包含了從我這裡搶走的60微笑吧？」

世晶轉過頭來，看向肩膀後方的始宇說：

「哪裡搶了！這是稅金。我們薪水中的20%就是用來繳納所得稅的。為了國家的生計著想，國民當然要繳稅囉。」

「那健康保險費和電費就不是稅金嗎？」

「嗯，健康保險費是為了支付我們在生病或受傷時前往保健室的費用，所以才會加入保險，並不包括在稅金裡面。還有電費也是我們教室用多少電，就要繳多少錢。」

「世晶，妳什麼時候變得這麼聰明了？」

「喂，我可是國稅局長耶！」

「總之，了不起的人實在太多了……如果把錢交給我，我就能用得更好的說。」

始宇噘著嘴，小聲嘟囔著。

「那我要不要再裝得更了不起一點？我們繳的這些稅金，會用來購買粉筆或板擦等班上所需的物品，或是用來舉辦班上的各種活動。垃圾處理費自然是不用說了，就連廚餘處理費也都是從稅金裡支出的。啊，對了，今天是發薪日，所以還得從稅金裡撥出公務員的薪水呢。」

世晶再次轉向佈告欄，將公告上的1,136這個數字改為776。

「什麼！稅金已經被花掉了嗎？」

「如果想要讓這個國家順利運作，該用的時候就要用。倒一次垃圾專用袋的處理費是100微笑，這段期間已經倒了兩次垃圾，所以總共是200微笑。廚餘處理費總共是150微笑。老師用的粉筆是80微笑，白板筆是100

稅金
2××微笑
白板筆
-100微笑
粉筆-80微笑
廚餘處理費
-150微笑
垃圾專用袋×2
-100微笑
-100微笑
公務員薪資
-360微笑
稅金1136微笑

微笑，然後……」

「如果這個那個都要花錢，那根本就沒錢可剩嘛。現在還剩下多少？」

「如果全都算進去，好像還剩下200微笑。」

「那稅金都用光了怎麼辦？」

「不夠的話，下個月應該會再徵收更多稅金吧？」

始宇搖著手後退。

「還要再繳更多稅金？不行，絕對不行！我連要繳60微笑都覺得心疼死了。」

「如果心疼，就節省一點吧。」

「什麼？」

「資源回收……之類的。」

一提到資源回收，始宇就想起了河鎮。他走到河鎮面前，不分青紅皂白的大聲說道：

「喂！都河鎮！你節省一點。」

河鎮眨著眼看向始宇。

「你沒頭沒腦的說什麼啊？什麼節省一點？」

「你是資源回收業者，所以從今天開始在做資源回收時，要盡量將垃圾全部塞入垃圾袋裡。還有，垃圾袋還沒滿，就絕對不要拿去倒！必須要節省用稅，才能守住我的血汗錢！」

「喔，這想法不錯耶。」

「絕對不能留下剩菜。我要去跟負責打菜的同學說一下。還有她剛才說白板筆也是用稅金買的吧？」

「嗯。」

河鎮才剛說完，始宇就立刻奔向老師。

「老師，我有事想跟您說。」

「好啊，什麼事呢，始宇？」

「那個……」

「你說吧，是什麼事？」

「老師！請您在不用白板筆時，將筆蓋好好蓋緊。不然要花我的錢，不，是花稅金實在太可惜了。」

陽樂多國家
全體國民必須遵守的
四大法則

第四條第一項

陽樂多國家全體國民都擁有選擇職業的自由。

第七條第一項

陽樂多國家全體國民的財產權都受到保障。

第十一條第一項

陽樂多國家全體國民都有必須繳納稅金的義務。

第二十五條第一項

陽樂多國家的貨幣單位為「微笑」。

陽樂多經濟小常識充電站

好奇一　錢是怎麼誕生的？

在很久很久以前，會採取直接使用物品交換物品這種以物易物的方式來進行交易，但這種方式其實有很多不便。如果想要以物易物，就要辛苦的將東西隨身攜帶，而且還可能會因為彼此想要的物品不同，而無法達成交換。因此，作為可以買進賣出手段的「錢」就這麼誕生了。

好奇二 什麼是所得？

為了賺取生活中需要的錢，人們會考量自己的適性和能力，從事各種工作賺取錢財。作為經濟活動代價得到的錢財，就叫做**「所得（收入）」**。得到所得的方法分為下列幾種：

替國家或公司提供勞動力，作為代價得到的金錢，稱為**「勞動所得」**。陽樂多同學們領到的薪水就屬於這一種。自己成為老闆，經營公司或從事農業和生意等事業賺取的金錢，稱為**「事業所得」**。在銀行儲蓄得到的利息或出租建築物得到的月租等，利用個人資產獲取的所得，稱為**「財產所得」**。不是以生產活動為代價得到的金錢，而是因退休、生病、事故、年老等原因，從政府或企業獲得的失業給付、保險金、年金等，被稱為**「移轉性收入」**。

好奇三 為什麼要繳稅？

稅金是作為享受富裕文明生活的代價，交由國民各自分擔的一種「會費」。國民繳納的稅金會用於像是國防、維持治安、教育設施、經濟開發等這些無法由國民獨自解決的國家重大公共事業。

我們繳納的稅金大致可分為「直接稅」和「間接稅」兩種。**直接稅**是賺錢的人或公司直接向國家繳納的稅金。在公司上班或透過事業賺錢的話，就必須繳納部分的所得作為稅金，這就稱為**「所得稅」**。如果公司也獲得利潤，就必須繳納部分收益作為**「營利事業所得稅」**。必須為擁有的不動產或資產繳納的**「財產稅」**，也包含在直接稅中。直接稅是收入高就繳得多，收入低就繳得少，因此也會產生重新分配財產的作用。

間接稅則是我們在購買物品時，以間接方式繳納的稅金。其中最具代表的是我們在使用物品或服務時，包含在價格中的「**增值稅**」。

第二章

要用薪水做什麼好呢？

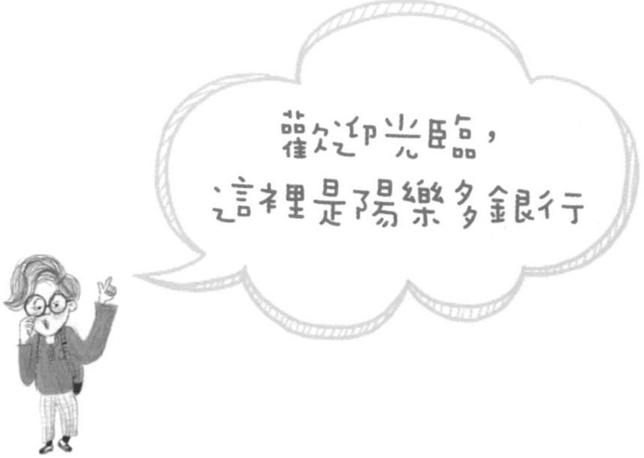

「始宇，你要存多少錢啊？」

打完菜的河鎮坐在始宇旁邊，開口問他。使用打菜優先券，成為班上第一個打菜的始宇，吞下口中塞滿滿的香腸。

「存錢？還要存錢嗎？你要存多少？」

「嗯……我正在考慮要不要把所有薪水都存起來。」

「什麼？全部都存起來？都河鎮，你腦子沒問題嗎？」

始宇挖了一大口飯，放入口中慢慢咀嚼，搖了搖頭。

「不是說只要存錢，就能拿到利息嗎？」

「利息？能拿到多少利息？」

「那裡有幾項儲蓄商品……所以說……定期……啊，我也不懂啦。」

「搞什麼啊？」

「等等吃完飯再去問一下世浣吧。」

「南世浣？幹嘛去問那傢伙？」

始宇一聽到世浣的名字，就立刻皺起眉頭。

「世浣不是負責儲蓄的銀行員嗎？如果想知道能領多少利息，就得去問他才行。」

「我才不想和他說話呢。我們還是去玩傳接球吧。」

始宇放下餐具，搖晃著右手手腕，做出扔出棒球的樣子。

「快點吃完去玩傳接球吧。」

「我要先去問儲蓄的事。」

「啊……我都已經能想像得到世浣裝模作樣的畫面了。」

由於傳接球沒辦法自己一個人玩，所以始宇不得不聽取河鎮的意見，跟著他一同前往。

吃完飯，河鎮帶存摺去找世浣。

「銀行員，我有事想問你一下。」

教室裡規定在詢問同學關於職業的事情時，必須以職稱相稱和有禮貌的語氣說話，所以河鎮才會稱呼世浣為銀行員。

「好的，都河鎮客戶。請問我能提供什麼協助嗎？」

世浣機械式的回答，根本連一眼也沒看河鎮。

「我想要存錢，請問我該怎麼做？」

「我們分為定期儲蓄存款和定期存款兩種。要幫你介紹一下嗎？」

「嗯。」

始宇站在河鎮身後自言自語小聲嘀咕，說：

「果然就和我想的一樣，裝模作樣大魔王。」

世浣抬起下巴，一臉毫無表情的說：

「定期儲蓄存款是每週存入固定金額的儲蓄商品，而定期存款則是在一開始加入時，就存入全部的金額，並於指定日期領出的儲蓄商品。兩者的利率都一樣是8％。」

「河鎮，利率是什麼？％又是什麼啊？」

一向和數學不熟的始宇偷問河鎮。

「你覺得我會知道嗎？我當然也不懂。」

河鎮再問世浣：

「8％嗎？那麼在存定期存款和定期儲蓄存款時，領到的利息就是一樣的囉？」

「所以說！啊，那個……也就是說利息是……」

不知世浣是否也不明白更多細節，所以開始繞著圈說話。

始宇笑著在心裡罵了一聲「活該」。

這時，老師就像是救世主似的，手上拿著計算機出現。

「世浣雖然是銀行員，但計算利息對他來說應該很難。老師也會被計算利息給考倒呢！」

原本有些洩氣的世浣，再度抬起下巴，摸著他的眼鏡。

老師敲打著計算機，繼續說：

「我們來看一下。如果選擇六週定期儲蓄存款，就會分成六次存款，每次各存入50微笑，這樣總共存入300微笑，利息就是14微笑。如果選擇六週定期存款，一次存入300微笑，並於六週後領回的

話，利息就是24微笑。」

「兩種存入的錢都是300微笑，利率也一模一樣，那為什麼定期儲蓄存款和定期存款的利息會差10微笑呢？」

河鎮一頭霧水的發問。

始宇也突然插了進來。

「即使六週內存了300微笑，也只給24微笑！什麼嘛，這未免也太小氣了。」

或許是在聽完始宇說的話感到有些不快，世浣瞪著始宇說：

「嫌24微笑太少？那你可以不要存啊。要不要存錢都是個人的自由。總之，如果你有一大筆錢，那就加入定期存款。雖然手上沒有一大筆錢，但還是想要累積一些資產，那就可以加入定期儲蓄存款。老師，我說的對吧？」

老師點了點頭，繼續幫腔說著：

「你可以想想看哪種儲蓄商品對你來說比較有利。雖然只有一點點，但可別忘了只要儲蓄就會有利息喔。不是有句成語說『積沙成塔』嘛。」

世浣看著老師露出微笑。

河鎮像是下定決心似的，打開自己的存摺，放在世浣桌上。

「世浣，我想加入150微笑存六週的定期存款。我該怎麼做呢？」

「那你就在存摺寫上『加入定期存款』再拿給我看。我確認之後就會幫你蓋章。」

河鎮照著世浣說的，在自己的存摺上記錄了儲蓄商品的內容。他存摺上的餘額現在變成了「0微笑」。世浣拿出儲蓄商品管理帳簿，在上面寫上河鎮加入的定期存款商品內容。

「這樣就可以了嗎？」

世浣比較了河鎮存摺上和帳簿上的內容。

「沒有異狀，可以了。」

世浣最後在河鎮存摺明細寫著「0微笑」的地方旁邊蓋上確認章。

「這位客戶，非常感謝你。你已經成功加入150微笑的六週定期存款商品。到期時我會通知你的。」

「喔耶，我賺到錢了。朱始宇，你不存錢吧？」

「我才不存呢。就算我不存錢，領到的薪水還是比較多，所以沒問題啦。」

「隨便你。」

世浣一副要他們辦完事就快滾的樣子，打開放在抽屜裡的書，開始讀了起來。

媛熙氣喘吁吁的跑向正在玩傳接球遊戲的始宇和河鎮身邊。

「妳怎麼這麼晚來？」

河鎮在發問的同時，一邊將球扔向媛熙。媛熙熟練的接住球。

「我今天不是最後一個吃營養午餐的嗎？而且我還跑去問了世浣一些事情，才會遲到的。Sorry！」

始宇在接過媛熙的球後開口了。

「媛熙，妳也去存錢了嗎？妳存多少錢？」

「我用六週定期存款存了70微笑。」

「70微笑？你們真的要過得這麼無趣嗎？錢是用來花的。看看我，因為買了免寫日記券，所以今天就不用寫了。也能提早吃午餐，所以午休時間可以玩得更久。存什麼錢啊！反正下個月又能領到薪水了。」

不知是否因為始宇的語氣聽起來充滿自信，媛熙開始覺得他說的好像是對的。

「是嗎？那我明天也要去買一下打菜優先券了。始宇，我們就早一點出來玩傳接球吧。」

「喔，真不愧是媛熙，我的朋友。和我心有靈犀一點通！」

「河鎮，你也一起用打菜優先券，早點出來玩傳接球嘛！」

媛熙改變丟球方向，將球丟給河鎮。河鎮將球扔給始宇，看向媛熙。

「我已經把所有錢都拿去儲蓄了，所以現在沒有錢可以花。我是不會中途解約的，我會等到到期日。」

始宇想到了什麼，向河鎮發問：

「河鎮，你剛才說的『到期日』是什麼啊？」

「到期日？就是拿回錢的日子啊。我加入的是為期六週的商品，所以六週之後就是到期日。」

「啊，聽起來也沒多難嘛。」

河鎮提議要休息一下，向朋友們發出集合的信號。

「或許，不，我想你應該是不知道，『中途解約』指的就是無法遵守約定日期，取消已經加入的儲蓄商品這件事。」

「喔，你真厲害。」

始宇露出生平第一次聽到「中途解約」這個詞的表情。媛熙眨著眼睛，露出一模一樣的表情。

「那如果取消定期存款，我的錢會怎麼樣？」

媛熙喝了一口水壺裡的水後交給河鎮。

「據我所知，雖然可以原封不動的拿回存進去的錢，但得到的利息可能會比原訂的少，或是根本就拿不到半毛錢。我只說到這裡！其他詳情就去問世浣吧。」

「如果沒有錢可以花，就得取消定期存款了吧。你說那叫什麼？中途……」

「中途解約。」

「沒錯，那只要中途解約就好了嘛。」

「也是可以這麼做啦，但就只能拿到一點利息而已，所以不要中途解約不是更好嗎？」

始宇輪流看向河鎮和媛熙，搖了搖頭。

「啊！因為要存錢，才會有那麼多需要注意的事項、要了解的事情，真是煩死人了。搞得我頭都痛了。所以還是乾脆不要存錢，直接花掉不就好了。煩惱可是對健康有害呢。」

始宇覺得自己根本就不需要儲蓄，因為他在陽樂多班上領到的薪水比其他人還多。

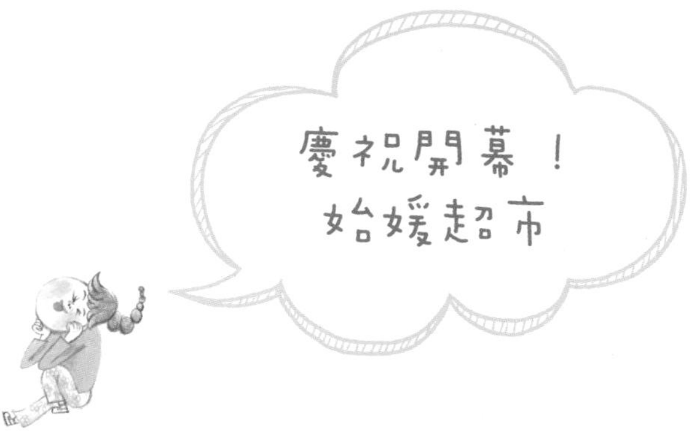

「啊……還要再等一週才能拿到薪水。」

始宇數著貼在教室後方佈告欄上的明細表日期，發出了哀號聲。同學們大多認為「時間怎麼不知不覺過得那麼快」，唯獨就只有始宇覺得時間過得特別慢。因為他將第一份薪水收到的錢，多數都拿去花在購買免寫日記券和打菜優先券上，所以現在存摺裡的餘額就只剩下10微笑了。

「你用了那麼多優惠券也夠了吧，還想要求什麼？」

河鎮和媛熙一起走向始宇。

「因為之前一直不用寫日記，現在覺得

日記寫起來更痛苦了。啊啊，我好想買免寫日記券喔。」

始宇仰頭大叫，他現在好像稍微明白爸媽為何總是期待發薪日到來。

這時，報社記者世雅拿著一份報導，急忙的走向佈告欄。

「同學們，可以請你們借過一下，讓我貼個報導嗎？」

世雅將報導貼在佈告欄上。

「現在可以做生意了?!」

「世雅，我們真的可以做生意嗎？」

始宇的臉突然出現在世雅面前，向她詢問。

「嗯，只有辦理過營業執照的人才可以。」

「哇，真是太酷了。真的可以在教室裡做生意啊？」

從前就夢想著要當老闆的媛熙，立刻飛快的跑向陽樂多公務員永振的座位。始宇和河鎮也緊追在後。

營業執照？
陽樂多，今天開始
任何人都可以販售零食

陽樂多，自今天起任何人都可以販售零食。

自 5 月 2 日起，陽樂多班的任何人都可以開業。在此之前，班上的零食或文具只能透過老師進行買賣。但從今日起，就能在辦理過營業登記者開設的賣場中購買零食或文具。想要開設賣場做生意者，就必須支付費用來辦理營業執照。各位想在從事自己選擇職業的同時來販售商品也沒問題。販賣零食或文具得到的錢不需付所得稅，全數歸於店主。

（省略）

想要辦理營業登記的人請向公務員洽詢。

陽樂多日報記者　劉世雅

「永振，我要做生意！」

媛熙雙手扶著桌子對永振說。

「我現在正在辦理營業執照，可以請妳等一下嗎？」

媛熙身後的世浣用手背推了推眼鏡說道。媛熙跑過來時眼裡就只有永振，因此還來不及發現世浣。始宇輕拍了世浣一下說：

「什麼啊，南世浣！明明就是我最先看到報導的，你為什麼會在這裡？」

面對始宇的提問，世浣不發一語的指向黑板。黑板旁也貼著一份和教室後方佈告欄上一模一樣的報導。

「你該不會不知道在老師將印出來的報導交給記者後，會最先貼在黑板旁邊吧？只要稍微動個腦想一想，你就不會問出這種蠢問題了，嘖。」

世浣聳著肩膀，輪流看向始宇、媛熙和河鎮。雖然他們三人誰都沒有說出口，但都在心裡偷偷罵了一句「討厭鬼」。

「永振，現在只要再蓋個章，營業登記就辦好了吧？」

世浣輕輕推開媛熙，重新走向永振。

「嗯，你現在可以賣東西了。商品的話，只要去向批發商購買就行了。」

世浣向永振道謝之後，就帶著營業執照，走向批發商佳媛的座位。

世浣一離開後，媛熙就立刻詢問永振：

「永振，我想做生意！我該怎麼做呢？」

「只要繳交50微笑的營業登記費，我就會替妳在營業執照上蓋章。接著妳就可以去向批發商購買要在店裡販賣的商品，開始做生意了。」

「50微笑嗎？等我一下。」

媛熙翻開存摺確認上面的餘額。在餘額的格子裡，寫著40這個數字。

「啊……我只有40微笑。」

媛熙的肩膀失望的下垂。這時，始宇扯開嗓門說了：

「我有10微笑啊！永振，營業人可以登記成兩個人嗎？」

「嗯，可以登記成兩個人。」

「媛熙，那我們一起開店吧！河鎮，你也一起加入吧！」

河鎮聽完始宇的提議後想了一會兒，搖了搖頭，因為他擔心生意會不好。最後始宇和媛熙決定要一起開店。

「店名該取什麼才好？」

「店名啊……」

始宇和媛熙陷入沉思。過不久，始宇像是想起什麼似的，拍了一下自己的雙手。

「我們把始宇的『始』和媛熙的『媛』合起來，叫做始媛超市，怎麼樣？」

始媛超市開業已經過了一週，卻還沒有賣出任何東西。他們為了辦理營業登記，將錢全部花光了，所以根本沒有錢可以購買要在店裡販賣的零食。

始宇向媛熙提議了幾次，要她去中途解約定期存款的70微笑，卻遭到媛熙堅定的拒絕。

「不要，如果中途解約，那就只能拿到一點點利息了！」

最後，他們兩人決定等到發薪日再說。

今天終於到了陽樂多班的第二次發薪日。

「妳領到薪水了吧？」

「嗯，我們走吧！衝啊。」

始宇和媛熙為了購買要在始媛超市裡販賣的零食，一起走向批發商佳媛的座位。佳媛打開鎖頭，讓他們看看大置物櫃裡的物品。裡面有巧克力、軟糖、糖果、餅乾等各種零食。

兩人陷入了苦惱，不知道什麼商品會最暢銷，最後決定將20包要價10微笑的巧克力和12包要價10微笑的軟糖放入購物籃中，接著支付了320微笑。

始宇在領到的190微笑薪水中留下了15微笑，支付了175微笑。媛熙則是將剛領到的145微笑薪水全數花光。

「巧克力和軟糖要賣多少才好？」

「因為我們起步較晚，是不是應該先吸引顧客上門啊？」

一週前就開始營業的三間店在某個程度上已經站穩了腳跟，於是心急如焚的始宇想先以低廉的價格來吸引顧客。

「那就當作開幕紀念，舉辦『所有零食只要10微笑』的銷售活動如何？這樣我們店裡應該會擠滿顧客吧？」

「既然要辦，那就再來個『買一送一』活動怎麼樣？」

「好啊！」

始宇和媛熙每到這種時刻，就會默契十足。他們一氣呵成的訂出零食售價，並將活動傳單，貼在大大寫著「始媛超市」的招牌旁邊。

一週內所有零食只要10微笑！買一送一！

「來喔，各位同學！始媛超市的開幕活動開始了。所有零食就只要10微笑！而且還買一送一喔！」

始宇和媛熙一開幕之後，聽到消息的同學們全都蜂擁而上。在其他店裡要價30到40微笑的巧克力在這裡就只要10微笑，而且還「買一送一」，實在沒有道理不來始媛超市購買。

「始宇，我要四個巧克力。」

「來，給你。這位客人，四個巧克力一共是20微笑。請開心享用！」

「我要兩個巧克力和兩包軟糖。」

「兩個巧克力和兩包軟糖一共是20微笑，給你。」

「我要買兩個巧克力。10微笑給你。」

河鎮一聽到始媛超市開幕的消息，也跑來買了巧克力。看著這些不斷湧入、來不及接待的客人，始宇和媛熙只覺得非常幸福。始宇想著「做

開幕
開幕 始媛超市
〈開幕活動〉
巧克力、軟糖 一週內只要
10微笑 1+1
10微笑
1+1 請勿錯過
巧克力、軟糖 10微笑
始媛超市
開幕 始媛超市

生意也沒什麼困難嘛」，嗓門也跟著越變越大。

「各位同學，真的很便宜喔，超便宜！這裡是始媛超市！我們目前正在進行『買一送一』的活動！」

開店賺來的錢都跑到哪去了？

始媛超市開幕已經過了三天，客人全都跑到始媛超市去了。其他店家忍無可忍，有些也開始跟著降價，還有些店開始辦起「買一送二」的活動。始媛超市的客人雖然因此少了一些，卻還是生意最好的店家。

「你們再繼續這樣做生意，一定會後悔的。」

世浣從始宇和媛熙旁邊經過時，丟下了這句話。

「南世浣！你說什麼？你這個生意不好，甚至連店都收掉的傢伙。」

世浣也是「陽樂多超市」的老闆。自從

始媛超市開幕以來，他就因為生意不好而收店了。

「等著瞧吧，你們這樣做生意是不可能長久的。我走了。」

世浣推了好幾次眼鏡後，就回到自己的座位上了。

「那傢伙，一定是羨慕我們生意好才會說出這種話。他一定很眼紅吧。」

始宇一想到剛才讓世浣碰了一鼻子灰，就覺得非常得意。

這時河鎮突然出現，雙手搭上了始宇和媛熙的肩膀。

「兩位老闆，今天也賺了很多錢嗎？」

「當然啊，我們店裡今天也被客人擠得水洩不通呢。」

始宇自豪的向河鎮展示空蕩蕩的籃子，但媛熙卻和始宇不同，表情看起來不太好。

「我們的生意是很好啦，可是……」

「可是什麼？」

一聽到媛熙含糊其辭的說法，河鎮立刻看向她。

「怎麼了？有什麼問題嗎？」

「那個，始宇啊，我們沒什麼錢能買東西了。」

「什麼？這是什麼意思？我們生意這麼好，怎麼會沒有錢？」

始宇嚇得反問。

「嗯，我們每天都用賺到的錢來買零食，但能買到的數量越來越少。現在剩的錢，就只夠在批發商那裡買八包零食而已。」

「什麼？八包？」

「你們是不是賣得太便宜，才會這樣？」

「河鎮說的沒錯。我們應該要把價格提高一點，感覺還要停止『買一送一』的活動才行。」

始宇聽完兩人說的話，搖搖頭說：

「不行！我就是喜歡看到我們店裡客人擠得水洩不通的樣子。而且其他商店現在也已經降低零食售價，如果我們漲價，就不會有人來光顧我們店了。」

「雖然是那樣……」

在始宇的強烈主張下，媛熙的聲音越變越小。兩人正處於無法保持原價，也無法提高價格的窘境。這是發生在始媛超市開幕第三天的事情。

就在始媛超市開業的第五天，店裡的貨籃中只剩下兩個巧克力。和第一天裝滿一共三十二個巧克力和軟糖的盛況相比，現在的貨籃不僅是空，簡直可說是空無一物了。始宇和媛熙無力的垂下肩膀。

「始宇，我要四個巧克力！」

「現在只有兩個巧克力。」

來買巧克力的美善聽到始宇這麼一說，買完兩個巧克力後，就匆匆跑去其他商店。但其他店家的情況也沒有比較好。其他人的店由於跟著降價販賣，所以他們的貨籃裡也一樣空空如也。

「媛熙，我們怎麼會變成這樣？」

「我也不知道。我不是告訴你要漲價了嗎？」

「啊，不知道，我不知道啦！做生意太難了！」

始宇用雙手將頭髮撥亂，大喊大叫。這時，世浣走到始媛超市前面。

「我就說你們會後悔吧？」

世浣只說完自己想說的話，就從兩人面前走掉了。不過他的手裡拿著裝有滿滿零食的「陽樂多超市」貨籃。

「咦？搞什麼！你不是放棄做生意了嗎？喂，世浣！」

始宇就像是受到驚嚇的兔子似的瞪大雙眼，世浣停下腳步。

「我哪有放棄啊，只是看你們那麼努力做生意，所以才暫時休業而已啊。」

世浣拿出放在抽屜裡的「陽樂多超市」招牌，貼在籃子上。

不久後，同學們全都湧向世浣的店，因為其他商店已經沒有零食可買了。

「巧克力竟然要20微笑，其他店之前明明就只賣10微笑而已。」

「雖然有點貴，但也就只有這裡有賣了。」

客人們竊竊私語的聲音傳到始宇耳裡。他簡直快羨慕死了。一想到自己只賣10微笑，而且還買一送一的巧克力，世浣竟然能賣20微笑，他就覺得既委屈又羨慕。

「始媛超市的兩位老闆，請你們繳稅。」

國稅局長世晶走向傻傻看著世浣超市的始宇，向他搭話。

「嗯？什麼稅金？我已經在發薪日繳過了啊。」

「那是針對你領的薪水徵收

的稅金。你們現在有做生意，就必須繳納營利所得稅才行。所得稅為銷售金額的20%，我算一下……」

世晶打開「始媛超市」的銷售帳簿，開始計算起來。

「到目前為止，始媛超市銷售的總額是310微笑，所以只要繳納62微笑的所得稅就行了。對了，商店貨籃一週的租金5微笑也一起收的話，總共是67微笑。」

「什麼？」

始宇和媛熙瞪大了雙眼。雖然稅金是一回事，但他們兩人都將開店時用的貨籃也要付租金這件事給忘得一乾二淨。

「媛熙，妳有錢嗎？」

「沒有，我為了做生意把錢都用光了……你呢？」

「我也沒有。」

雖然始宇確認過好幾次存摺上的餘額，但上面的0卻完全沒變。因為就連買完店裡商品後剩下的30微笑，都被他花在購買免寫日記券上了。

「世晶，我們手上沒有67微笑可以繳所得稅，怎麼辦？」

「別說是67微笑了，就連1微笑都沒有。」

媛熙才剛用微弱的聲音說完，始宇就在旁邊搭話。

世晶驚訝的反問兩人。

「什麼？沒有錢？那你們做生意賺的那些錢都跑哪去了？你們客人不是很多嗎？」

「不知道，我也不懂。啊，我的頭好痛。」

許久不發一語的媛熙像是放棄似的開了口：

「世晶，我去銀行中途解約掉之前加入的定存吧。妳等我一下。」

媛熙拿著存摺，拖著沉重的腳步走向銀行員子英。跟在媛熙身後的始宇搭著她的肩膀說：

「媛熙，我們這次來好好的做生意吧！現在就只剩下世浣那間店了，只要賣得比那裡便宜，就會有很多客人再度上門了！」

媛熙聽完始宇的話之後默不作聲。她將定期存款解除了。存摺上寫著「中途解約」四個字。如果等到期滿，她就能領到6微笑利息，但因為現在是中途解約，所以只能領到1微笑而已。

「世晶，這裡是稅金和貨籃的租金——67微笑。」

媛熙將稅金和貨籃租金的錢交給世晶之後，看著始宇說：

「始宇，我以後不做生意了。我們好像沒有做生意的天賦。」

陽樂多經濟小常識充電站

好奇一 銀行裡可以辦哪些業務？

1. 存款

將錢寄存在銀行，就叫做「存款」。只要將錢存入銀行，就能領到利息。人們不僅能安全的將錢存放在銀行裡，還能領到利息；而銀行也可以用人們存放的這些錢來賺取利益，這對雙方來說都有好處。

2. 繳納公共事業費用

不需要為了繳納各種稅金和費用而專程跑一趟國稅局或稅捐稽徵處。銀行可以代收公共事業費、學費等費用。

3. 外匯業務

離開國內，和國外進行貿易或前往旅遊時，就會需要外幣吧？這時銀行會將國幣兌換成外幣；也可以反過來將外幣換成國幣喔。

好奇二 銀行如何支付利息給儲戶？

人們會將現在不用的錢存放到銀行裡。從儲戶那裡收到的錢，銀行並不會擺著不動，而是會拿去借給需要用錢的公司或個人，這就叫做**「貸款」**。這當然不是免費借出，而是會從他們身上收取利息。因此，銀行會再將收取到的部分金額以利息的方式還給儲戶。

好奇三 儲蓄分為哪些種類？

存款大致分為「一般存款」、「定期存款」、「定期儲蓄存款」三種。**一般存款**的利息雖然非常低，但可以隨時自由存取金錢。**定期存款**是一次將暫時不打算使用的大筆資金存入銀行，過了一定期限後再領回的存款方式。如果是以相同的金額和利率計算，可以比儲蓄領到更多利息。**定期儲蓄存款**是每個月將固定金額存入銀行，過了一定期限後領取約定利息的存款方式。如果當下沒有一大筆錢，卻又想要累積一筆資金，就可考慮這種定期儲蓄存款。

第三章

我要靠投資成為有錢人！

儲蓄的兩面

始宇升上六年級已不知不覺的過了三個月。隨著天氣越來越熱，他們身上的衣服也變得越來越薄。然後在不久前，來到了第三次的發薪日。

「都河鎮，你又要去銀行了嗎？拜託你也花點錢生活吧，怎麼能全部存起來呢？」

就像始宇說的那樣，河鎮將所有的薪水都拿去加入儲蓄商品了。他將到期後收到的錢，又再次存到新的儲蓄商品中。

「你不會想吃零食嗎？」

「我當然會想吃零食啊，不過我還是比較喜歡存錢。這些是我辛苦工作賺來的錢，要這麼花掉實在是太可惜了。」

「那你存那麼多錢是打算用在哪裡？」

「我不知道。」

「你不知道？那幹嘛還要存錢？真是悶死人了！」

始宇就像一隻大猩猩似的，用雙拳輪流敲打自己的胸口。始宇和河鎮是在其他方面都非常合得來的朋友，唯獨在用錢方面截然相反。

這時，有人在後面說了一句：

「把所有錢都拿去存起來也不完全是一件好事。」

始宇就算不用回頭看，也能立刻知道那個人是誰。會在這種情況之下插嘴的，也就只有一個人——南世浣。

「南世浣，你說什麼？」

如果是平常，始宇可能會說一句「不關你的事」，但不知為何，這次感覺世浣好像是在幫他說話。
「我說把所有錢都拿去存起來也不完全是一件好事。」
竟然說存錢不是好事！聽到世浣這麼一說，河鎮彷彿像是受到衝擊似的。
「這是什麼意思？為什麼存錢不是好事？」
世浣平靜的回答：
「啊，我怕你們誤會，所以先說明一下。像始宇這樣只顧著一味花

錢當然是更不好的，但如果像河鎮你一樣，把錢全部存起來，那經營店家的那些人就會越來越難討生活，因為東西賣不出去。如果東西賣不出去，店家就只能關門；店家關門後，原本在那裡工作的人也會跟著失業。這麼一來，我們班整體經濟就只能惡化。我是說如果存太多錢的話啦。」

「搞什麼，原來是因為人家存太多錢，你南世浣開的超市生意就會變得不好，所以才說存錢不好的嗎？看來你最近的生意不太好嘛。」

「我是為了便於理解才這麼向你們

說明的，如果你要這麼想，那我也無話可說了。還有，我才不會像始媛超市一樣倒閉，你不必替我操心。」

始宇對世浣提起始媛超市一事感到不滿，火冒三丈的說：

「什麼，你這臭小子！」

接著抓住世浣的衣領。世浣雖然有些驚慌，卻裝作若無其事的說了：

「放手，你這麼做太不紳士了。」

「不紳士？我是學生，又不是紳士。」

「我只是說了該說的話。」

始宇握住拳頭，很想揍他一拳，但他卻下不了手。因為世浣理直氣壯的態度，反而讓他感到有些膽怯。

始宇一放開衣領，世浣就立刻轉身回到自己的座位。

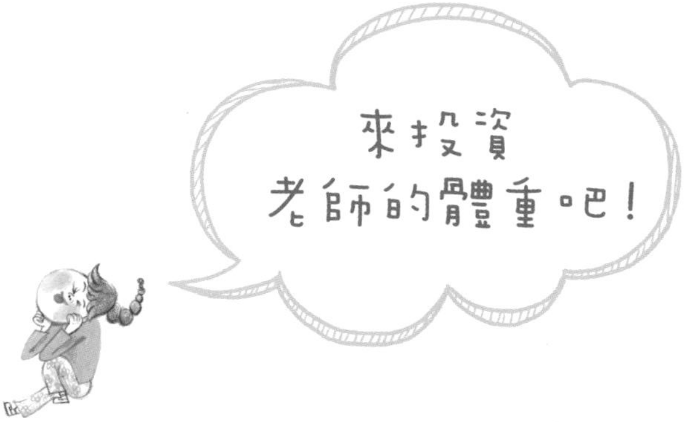

「我喜歡在外野看球！那些選手會跑到我們眼前呢。」

「我喜歡內野！去棒球場不就是為了體驗替他們加油的樂趣嗎？」

同學們聊著棒球場的話題聊了半天。

「我們去買棒球場出遊券，改天大家一起去看棒球吧！」

「好啊。」

河鎮一想到要去棒球場，就興奮的露出微笑，展現出一口潔白的牙齒。但始宇和媛熙可就不同了，他們的臉上可說是烏雲密佈，因為他們沒錢可以買出遊券。始宇嘆了一口氣，無力的說：

「出遊券要價800微笑，但我的財產就只有100微笑。」

媛熙也在旁邊嘆一口氣。

「唉，我也只有100微笑。」

河鎮在腦海裡一邊敲著計算機一邊說：

「始宇，你繳完稅之後領到的薪水是190微笑吧？」

「嗯。」

「那將190乘以三的話……是570微笑。然後你說你有100微笑對吧？」

「嗯。」

「就算全加起來，也就只有670微笑。即使這三個月不花一毛薪水，你們還是買不起出遊券啊。」

「啊，該怎麼辦。」

始宇揪著腦袋，感到非常痛苦。

這時，世浣突然不知又從哪裡冒出來，說了一句話：

「只要投資就行了，這樣說不定就能存到錢……」

他只丟下這句話，就隨風跑了。

媛熙張著圓圓的大嘴說：

「你們有聽見世浣剛才說了什麼嗎？投資？始宇，你也聽見了吧？」

「嗯，我有聽見啊，他那自以為是的見解。」

始宇雖然裝作對世浣說的話不感興趣，但其實他一聽到「投資」可以存到足夠的錢，內心就開始動搖了。世浣的話就像是在一片黑暗之中的一絲光芒，令他有些感激。

「我們是來投資的！」

始宇和媛熙來勢洶洶的站在投資公司職員妍斗面前。

「兩位顧客，請問你們要投資多少在什麼上面呢？」

被妍斗這麼一問，始宇和媛熙就像啞巴吃黃蓮似的，一句話也說不出來。

「你們該不會連投資是什麼都不懂就來了吧？」

「其實我不太清楚。我只是聽到可以在一週內賺到100微笑就來了。嘿嘿，真的有這種可能嗎？」

媛熙問了她最想知道的事。

「有啊。上個月頌伊投資的400微笑就得到了25％的報酬率，賺了100

微笑呢。」

「哇，太強了吧。不過什麼是報酬率啊？」

妍斗嘆了一口氣，馬上平靜的解釋給他們聽。

「聽好了，如果以儲蓄來說，報酬率就像是利息一樣的東西。就像當100微笑的利息是10％，可以得到10微笑那樣；當100微笑的報酬率是10％時，就能得到10微笑。」

「那我要加入報酬率25％的商品！什麼時候到期？是三週後，還是六週後？」

始宇將存摺塞給妍斗。媛熙也不落人後的掏出存摺。就連河鎮也偷偷的交出存摺呢。

「快點幫我辦理！快點讓我投資！」

「我也要，我也要！」

「哇，真是賺翻了！」

三個人就像是已經變成有錢人似的，開心的跑來跑去。

「孩子們，安靜！」

老師不知是什麼時候再度現身，用食指在嘴唇上比了個「噓」，要他們安靜。

「對不起。」

「你們在吵什麼？」

「我們想要投資，想要投資之後變成有錢人。」

「有錢人？投資可沒有那麼簡單喔。先讓老師來替你們解釋一下什麼是投資吧。」

一瞬間，他們全都圍到了老師身邊。

「孩子們，投資不像儲蓄一樣，可以針對固定報酬率的商品進行投資。投資和儲蓄不同，沒有固定的報酬率，也沒有所謂的到期日。」

「沒有固定的報酬率嗎？」

河鎮搔著頭問。

「對。進行投資時，投資對象的價值每天都在變化，所以價值上升多少，就會有多少收益。」

「如果沒有到期

日，那要什麼時候才能拿回我們的錢呢？」

「那就看你們自己高興囉。」

「看我們高興？」

「哈哈，也就是看投資人自己想怎麼做。可以在一天內贖回，也可以在幾個月、幾年後才贖回。」

始宇嘟著下嘴唇，在胸前交叉起雙手。這是他在上數學課時常做的動作。顯然他還沒抓到關於投資的概念。

老師用強而有力的聲音說：

「嗯……我來繼續解釋吧。我們班可以投資的商品有『今日音檔排行榜』、『今日匯率』，然後雖然有點不好意思，但還有『老師的體重』。」

「老師的體重？那是什麼？」

「老師把體重也登記成投資商品了。好，那我來說明一下商品吧。

因為也不能太難計算，所以就簡單的以老師體重每增加0.1公斤，報酬率就會增加1％來計算。如果老師的體重增加公斤，那報酬率會增加多少呢？」

「是10％嗎？」

始宇以沒自信的聲音回答。

「沒錯！始宇算得很快嘛。」

在老師稱讚之下，始宇的表情立刻變得開朗。

「如果始宇投資了100微笑，那100微笑的10％就是10微笑。如果投資了200微笑，最後就能多拿20微笑。」

在一旁的媛熙眨著眼睛問老師：

「那如果老師的體重變輕會怎麼樣？」

「體重變輕的話，報酬率就會下降。如果少了1公斤，就會損失

10%。」

「真的嗎?這是在說錢也有可能會全部不見嗎?」

「沒錯。這就是和儲蓄的不同之處。儲蓄不會有損失,但利息也會比投資來得要少。雖然投資的報酬率比儲蓄還高,但一不小心就可能會賠錢。」

一聽到有可能會賠錢,他們全都嘆了一口氣。

「你們先好好想清楚再做決定吧。因為必須為你們決定負責的人,也就只有你們自己。」

老師離開了教室。

好吧，就這樣吧！我要試試看！
陽樂多銀行
100
微笑
陽樂多
陽樂多

選擇的時間到了，三人陷入了深深的苦惱之中。最先走出來的是始宇。

「好吧，就這樣吧！我要試試看！」

始宇決定要投資100微笑。媛熙在考慮過後，也決定要投資100微笑。過了幾天，河鎮也跟著投資了50微笑。

「始宇！老師的體重變輕了！今天是65.1公斤。」

河鎮看見佈告欄上的數字後跑向始宇。前兩天老師的體重一直在增加，但到了第三天，卻開始下降。

「什麼？為什麼會那樣？」

「他昨天的營養午餐好像只吃一點。」

自從始宇、河鎮和媛熙投資老師的體重之後，對於老師的用餐和飲食就變得越來越在意。

「怎麼辦？可不能讓他的體重一直下降啊……」

媛熙一臉不安的輪流看著始宇和河鎮兩人。她自從始媛超市倒閉後，就變得很擔心自己又會再次失去財產。

「妳不要太不安啦。老師體重已經連續增加了兩天，只有今天一天下降而已不是嗎？而且老師一開始的體重是64.7公斤，今天是65.1公斤，所以我們至少還有4％的收益。」

河鎮精準的說出老師的體重，讓媛熙安心。

「沒錯，我們還是很有希望的。今天營養午餐的菜單是老師愛吃的炸雞，他今天一定會吃很多的。」

始宇也在一旁附和河鎮說的話。媛熙即使聽見兩人這麼說，還是一樣非常擔心。原本還以為投資可以比儲蓄賺更多錢，但實際投資下去之後，卻一直在意不已。事實上，始宇和河鎮只是裝作不動聲色而已，他們一樣很擔心自己會失去那些資金。

「66.9公斤！今天也增加了0.2公斤！喔耶！」

始宇確認完佈告欄上的老師體重後，開心的大聲歡呼。老師的體重原本只有64.7公斤，沒想到在短短幾週之間，就增加了2.2公斤。這等於他得到了22%收益。

「哇，朱始宇，真羨慕你。早知道我就不要贖回那些錢，繼續放下去了。」

媛熙一臉羨慕的看著始宇。

「所以我不是叫妳等了嗎？要乖乖聽我這哥哥的話啊。」

「還是我現在重新投資好了？」

媛熙因為感到不安，所以在投資的第四天就把資金贖回來了。

「我今天也要贖回資金！」

河鎮像是下定決心似的說道。

「為什麼？體重不是一直在持續增加嗎？」

始宇驚訝地反問他。

「我覺得22％已經夠多了。其實我原本覺得只賺15％就很好了，現在有22％已經足夠了。」

「我的好朋友！你得懷抱更大的夢想才行！區區22％就滿足了嗎？」

始宇虛張聲勢的說。

「反正我還有之前存下的錢，所以投資只要能得一點利潤就可以了。

更何況我得到的利潤已經比銀行的利息還多。而且世浣不是說過，最好能在適當的時機將資金贖回。」

「什麼？是那個討厭鬼南世浣說的？」

始宇只要一聽見世浣的名字，就皺起眉頭。

「世浣只是有點愛自以為是而已，但他確實是我們班上最會理財的人啊。」

「確實是這樣沒錯。」

一聽見媛熙也認同河鎮說的話，始宇就立刻出面反駁：

「南世浣哪會理什麼財啊！我看他連超市的生意都不怎麼樣吧？」

「不，自從始媛超市倒閉後，他的生意就變超好的。」

「他的薪水比我少！」

「可是他目前擁有的資產應該比你多喔。」

「他……他是個小氣鬼，所以才不懂得花錢！」

看到河鎮和媛熙都替世浣說話，始宇莫名有種遭到背叛的感覺。

「我會讓你們親眼看見是南世浣錯了。老師的體重應該會持續增加吧？我才是對的，南世浣錯了。你們就等著瞧吧！拜託讓我們老師變胖吧！」

陽樂多投資公司
投資商品目錄

❶

老師的體重

66.9kg

(▲2%)

❷

今日音檔排行榜

稅務男孩

12名

(▲5%)

❸

今日匯率（美金）

1,135元

(▲10%)

陽樂多經濟小常識充電站

好奇一 儲蓄並不完全都是好的嗎？

如果所有人都把錢存起來，那就沒有錢可以用來消費了吧？這麼一來，光顧餐廳或商場的人自然也會變少。店裡不需要那麼多人手工作，所以員工的人數也會減少，最後就會造成很多人失去工作。而這些失業的人為了省錢，就更不會消費了。像這樣儲蓄的人過多，造成國家經濟困難的情況，就叫做「節約悖論」。雖然大家都認為存錢就是好事，但事實卻並非如此。為了國家的經濟和自己著想，我們需要平衡儲蓄和消費。

好奇二 什麼是投資？

當手上有閒錢時，雖然可以交給銀行收取利息，但如果想要得到更大的利潤，也可以進行投資。代表性的投資商品有股票和基金。

要成立一間公司需要有很多資金。這時公司為了籌措所需資金，就會將公司的權利賣給其他人。像這樣由很多人一起集資成立的公司，就叫做**「股份公司」**。向股份公司投資的人就會成為公司的主人，也就是**「股東」**，會得到相當於投資金額的**「股票」**作為證明。雖然當股份公司賺了很多錢時，會因股價上漲而賺到利潤，但若是公司沒有賺錢，就會因股價下跌而蒙受損失。

如果不知該投資哪裡才好，也有可以將資金交給投資專家的**「基金」**。只要加入基金，那些身為投資專家的基金經理就會將這些錢投資到具有發展

潛力的公司、股票或債券上。

因為是由基金經理代為管理資金，所以會需要付一些手續費。但是以專家幫忙投資這一點來看，我們可以期待這種投資方式較為安全。

好奇三 投資有危險嗎？

投資和儲蓄不同，無法保障本金。如果投入全部資產或舉債投資，當投資的公司經營惡化時，很可能會蒙受極大的損失。為了做出明智的投資，請投入即使失去本金，也不會造成生活困難的金額。

換句話說，投資雖然可以獲得比儲蓄還更多的利潤，但風險因素也比較多。因此重點在於必須仔細了解完投資商品後，再做出謹慎的判斷。

第四章

毫無預警襲擊而來的始宇的危機

陽樂多投資王朱始宇？！

「哇，始宇，真的被你說中了耶。」老師的體重一直持續增加，今天又比昨天增加0.1公斤，來到68公斤。

「咳咳，從現在開始，我就是投資王朱始宇。報酬率33％！我賺了33微笑呢。」始宇驕傲的擺出一副神氣的模樣。

這時，教室後面傳來同學們的喧鬧聲。

「哇，世浣，你太強了吧。竟然靠投資就賺了200微笑？」

「要怎麼樣才能賺到200微笑啊？」

當世浣靠投資賺到200微笑的消息一傳開，班上的同學就紛紛湧向世浣。

「什麼？200微笑？」

始宇拉長了耳朵。

世浣笑著開口：

「這也沒什麼啦，我只是投資老師的體重，然後關心和觀察一下老師最近喜歡吃什麼而已。我每天都會親自去問老師啊。根據他的說法，他最近好像每天晚上都有約，所以吃了很多美食。然後我認為現在應該要把資金贖回了，因為……」

「200微笑的話，你的報酬率是多少啊？」

媛熙打斷世浣的話問他。

「40%。」

「哇，40%，那真的很厲害耶。啊，話說回來，始宇說他的是33%，那麼世浣才是真正的投資王囉。」

始宇突然感到一股煩躁感向他湧來。明明在不久之前自己還是投資王的，結果卻因為世浣的出現，而變得差人一截。

「我一定會好好壓一壓他的氣勢！」

始宇心中再度燃起投資的慾望。

時間過得真快。今天是第一學期的最後一天，學校舉辦了結業典禮。

由於暑假期間無法花錢，所以大部分的同學都打算加入為期六週的定存商品。身為銀行員的子英和世浣也因此忙得不可開交。

「始宇，我們去存錢吧。」

河鎮拍了一下始宇說道。

始宇沒有任何回應，過了一會才氣呼呼的說：

「我不要存錢。」

「為什麼？如果提前加入存款，第二學期開學時，就能領到很多利息耶？」

「我要繼續投資！」

始宇認為，只要老師再增加一點體重，他的報酬率就能超過世浣的40％了。

「我要把全部的錢都拿去投資。」

「如果老師的體重在放假期間變輕了，你要怎麼辦？」

「就算加入六週定存，得到的利息也就只有8%。老師在放假期間只要增加1公斤也好，我就能賺到比銀行利息更多的利潤了。」

話才剛說完，始宇就立刻從座位上起身，走向投資公司職員妍斗。河鎮雖然對於始宇做出的決定是否正確抱持懷疑的態度，但他並沒有阻止始宇，因為沒有人能夠贏過他的固執。

「始宇，等等我！」

媛熙也跟著始宇一起走向投資公司。班上似乎還有其他同學的想法和始宇一樣，早已有兩三個人站在那裡排隊了。向妍斗購買投資商品的始宇，已經開始期待起第二學期的開學日了。

「老師在放假期間會增加多少體重呢？3公斤？4公斤？希望他可

以多吃一點美食，變胖一點呢。」

幸福的想像讓始宇嘴角洋溢著微笑。

「朱始宇，過得好嗎？」

河鎮跑向走進校門的始宇，和他搭肩。時間過得真快，已經來到第二學期的開學日。因為河鎮在放假期間跑到鄉下親戚的家住，所以他們好久都沒見到面了。

「當然好啊！不過你和放假前好像有哪裡不一樣耶？」

「應該是我變胖了吧？外婆煮了很多好吃的東西給我吃呢。」

「真好。話說，你不覺得放假太短了嗎？就不能把放假和上學的時間交換嗎？改成放五個月的假，上一個月的課就好。」

「這主意真棒！」

兩個人聊著聊著，很快就來到教室走廊。媛熙突然衝出了教室門外。

「始宇！你趕快進去看看，大事不好了，不好了。」

媛熙對著始宇大叫。她看起來非常焦急的樣子。

「發生了什麼事？」

媛熙拖著始宇的包包，將他拉到教室。因為始宇還來不及換上室內鞋，所以就只好光著腳走進教室。媛熙指著佈告欄說：

「64.2 公斤！」

「天啊！這是什麼！64.2 公斤！」

始宇嚇得目瞪口呆。放假前老師的體重明明還有68公斤的，現在卻只剩下 64.2 公斤了。

「喂，這是不是搞錯了？怎麼會瘦得這麼多？太扯了吧。可不能這樣啊！」

始宇急得像連珠砲似的說著。

「傻眼，老師怎麼會瘦那麼多？」

為了換上室內鞋，稍後才進到教室的河鎮看見佈告欄上的內容也嚇了一跳。

「這應該是有人在開玩笑吧？老師又還沒來上班。」

「對啊，一定是有人在開玩笑沒錯！老師到了之後會更止過來的。」

公告
老師的體重64.2kg
64.2kg
64.7
65.1
66.9
64.2
完蛋了
完蛋了……

始宇和媛熙難以相信佈告欄上寫的老師體重。不，他們是不想相信。

不知過了多久，教室門嘎吱嘎吱的開了。

「同學們，早啊。你們暑假都過得還好吧？」

低著頭用雙手捂住臉的始宇，一邊想像著老師變胖的樣子，一邊慢慢睜開一隻眼睛。但是，天啊！老師原本胖得像倉鼠一樣肥嘟嘟的臉頰全都不見了。他只見到老師變瘦的臉。這時始宇的腦中突然閃過一句話——

「完蛋了！」

河鎮用同情的表情看著始宇後，又轉過頭來看向媛熙。她的表情也和始宇一模一樣。

「老師，你怎麼會瘦那麼多啊？」

「啊，因為我在第一學期好像胖了太多，所以趁著暑假稍微減了肥。怎麼樣？感覺瘦了很多嗎？我好像有說過要開始減肥的，你們忘記了嗎？」

「竟然是減肥！」始宇根本就沒聽說過。

這時世浣走進教室。一看見世浣，始宇就想起他在放假前把資金贖回的樣子。「世浣當時知道這件事嗎？是啊，他一定知道。為什麼我就不能像世浣一樣，多關心一下老師吃些什麼、做什麼事呢？」

始宇的懊悔有如潮水般湧來。

「始宇，不過你怎麼沒穿室內鞋，就這麼站著啊？」

老師這麼一說，始宇才低頭看見自己的腳。他深深的嘆了一口氣，有氣無力的走去鞋櫃穿室內鞋。

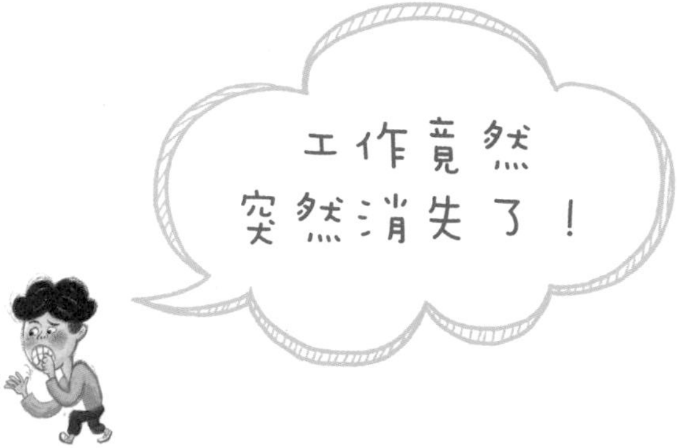

始宇在暑假前意氣風發的那模樣不見了。

「始宇，你也別太擔心了，只要再把錢賺回來就好了嘛。」

河鎮的安慰對始宇來說，一點用都沒有。

「呼。」

始宇深深吐了一口氣，感覺地面好像就要塌陷一樣。接著媛熙也傳來一聲嘆息聲。不過至少媛熙拿了一半的錢去存起來，只拿出一半來投資，所以情況要比始宇好一些。

「河鎮，你很開心吧。那個利息是8％嗎？」

媛熙羨慕的看著河鎮。

「嗯，不過距離到期日還有一點時間。我不是說過投資很危險，要你們小心一點嗎？」

「你應該要更積極的阻止我才對啊！」

始宇哭喪著臉。他真想將時間倒轉回放假之前。

「我現在絕對不會再碰投資了！投資是個壞東西！」

始宇宣告自己再也不碰投資了。

「投資不是壞東西，只是不能像你這樣投資而已。」

世浣將始宇的存摺遞給他時說著。世浣正在將放假期間老師幫忙保管的存摺還給班上同學。

「南世浣！你現在是來火上加油的嗎？別在那裡找我的碴，滾開！」

始宇翻了一個白眼。

「這不是在找碴，而是忠告或建議。」

世浣回擊始宇。

「對啦，你最厲害了啦。」

始宇很討厭自以為是的世浣，但另一方面，他也很想好好學習一下世浣的理財方法。始宇雖然覺得自尊心受傷，卻無可奈何的詢問世浣：

「那投資要怎麼做才對？」

「投資就要以資訊作為基礎才行啊。如果以好像會上漲的感覺盲目投資，最後就會完蛋。話說回來，始宇啊，你現在好像不是該說這些的時候。」

「我又怎麼了？」

「你沒看到貼在佈告欄上的報導嗎？」

陽樂多國要出現失業者了嗎？

隨著第二學期開學後，先前在學校內進行的學生餐廳工程已全數完工。從第二學期開始，學生們的午餐將不在教室內，而是改成前往學生餐廳用餐。因此，將不再需要原本在教室內負責打菜的打菜助手一職了。另外，學校為了方便學生，決定今後將打掃走廊的工作委託清潔業者執行。走廊清潔工作自下週起將交由與學校簽約的清潔業者負責，因此走廊清潔工一職也即將消失。

……

由於上述各種原因，原本以零失業率自豪的陽樂多國也預計將會出現失業者。

陽樂多日報記者　劉世雅

「這是什麼意思？是說走廊清潔工這個職位預計要消失了嗎？」

始宇呆呆的看著佈告欄。報社記者世雅似乎是貼上了新的報導，但在這則報導裡面，卻包含著令人震驚的消息。

「現在可以不用再打掃走廊了嗎？始宇，真羨慕你耶！」

媛熙不識相的說。始宇所負責的，正好是清潔工當中唯一的走廊清潔工一職。

「笨蛋，這有什麼好羨慕的！這樣始宇的工作就會不見了。」

河鎮當面斥責了媛熙。她這時才像是明白似的點了點頭。

「工作不見？那會變成怎麼樣啊？」

「如果不工作，應該就領不到薪水了吧？那就變成無業遊民了耶。」

始宇不知是否因為受到打擊而全身變得僵硬。這種情況簡直就是雪

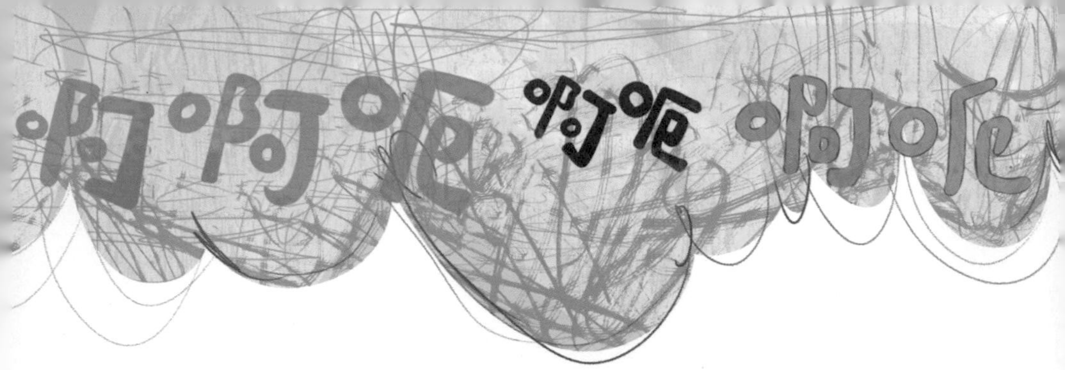

上加霜嘛。才剛因為投資失敗造成極大的損失，現在竟然又丟了工作！始宇心想「為什麼就只有我會碰到這種事情」，為此感到非常生氣，於是從內心深處湧上了一股鬱悶。

「呃啊啊啊！」

整間教室都充斥著始宇的慘叫聲。

原本從事打菜助手一職的同學們也在一夕之間失去了工作。原本大家還因為在十三歲這年得到第一份工作而開心不已，卻沒想到現在竟然變成了失業者。新聞中「沒有工作而賦閒的人增加」這樣的報導竟然會發生在自己身上，始宇仍然難以置信。

始宇開始憂心忡忡。下個月馬上就要繳電費、健康保險費了，這還真是大事不妙。雖然已經向國稅局確認過沒有收入就不必繳所得稅，但即使如此還是得繳納25微笑才行。因為進入第二學期後，健康保險費就調漲至10微笑，而且還因為必須大量使用空調，電費也跟著調漲至15微笑。雖然用剩下的錢還有辦法解決，但始宇再也吃不了自己喜歡的零食，也買不了免寫日記券了。

「始宇，這樣你就不能和老師一起出遊了耶。」

「喂！妳是想惹火他嗎？下個月就有出遊行程，但要湊到800微笑根本就已經無望了。」

河鎮用手肘戳了戳媛熙的肋下。這種時候看來，媛熙還真不識相。

「你存摺裡還有多少錢？」

河鎮很想知道始宇的存摺裡究竟還有多少餘額。

「還有差不多200微笑。不過這筆錢之後要用來繳納健康保險費和電費才行，畢竟我現在已經沒有薪水可領了嘛。」

河鎮覺得如果和老師出遊當天，始宇和媛熙都在，一定會更好玩，所以感到非常惋惜。但他也不可能因為兩人不去，就放棄這個出遊的機會。

「始宇，別擔心。你總不可能像這樣一直都沒工作吧。老師很可能會再創造出新的職業，或是讓你在剩餘的職業中重新挑選一個去做。」

「這件事不是發生在你身上，所以你才能這麼樂觀吧？」

由於不斷遇到壞事，讓始宇說出了刻薄的話。河鎮和媛熙不是失業者，所以似乎無法理解他的心情。雖然這不是他們兩人的錯，但始宇還是對兩位朋友發了脾氣。最重要的是，他對自己感到非常厭煩。

「早知道就少吃一點零食、少用一點免寫日記券了。」

他實在很想狠狠的揍過去的自己一拳。

「或是當初根本就不應該那麼勉強的做生意。」

始宇也很想好好的唸一唸過去在擔任始媛超市老闆時寧可賠錢也要賣東西的自己一頓。

「早知道就存些錢了。」

「早知道就不當走廊清潔工了。應該像河鎮和媛熙一樣，選擇其他的職業才對。」

始宇的懊悔開始接二連三的席捲而來。但現在不管再怎麼後悔，也不會有任何的改變，所以他變得更加鬱悶。

「我為什麼會變成這樣呢？我根本就沒想過自己會變成失業者，為什麼沒有提前準備好要如何應付這種情況呢？不，比起去想這些，以後我該怎麼做才好啊？」

要將我的信用打分數？

「公務員，我要買出遊券！」

「你要買哪一種出遊券呢？目前有棒球場出遊券和電影院出遊券兩種。」

「請給我棒球場出遊券。」

「棒球場出遊券是800微笑。」

河鎮正在向負責販售出遊券的公務員購買出遊券。

「來，給你。棒球場的出遊日為下週三。」

「嗯，我知道了！謝謝你。」

河鎮開心得像是要飛起來一樣。來到與老師一起出遊的前一週，購買出遊券的同學也變多了。

「開心嗎？」

始宇和媛熙就像是鏡子中的倒影般，在胸前叉著手，做出一模一樣的姿勢，同樣以氣鼓鼓的表情向河鎮問道。

「當然開心啊。」

河鎮將剛才買回來、還熱騰騰的棒球場出遊券放在始宇面前搖了搖。

始宇伸出手，想要一把搶過來，河鎮立刻將出遊券藏在身後。

「啊，氣死人了！」

始宇用搶出遊券失敗的那隻手，在桌上「碰」的敲了一聲。

「有幾個人買了出遊券？」

媛熙鬆開交叉在胸前的手，詢問河鎮。

「大約有五個人購買棒球場出遊券吧。好像有更多人購買電影院出遊券。如果媛熙妳也能一起去就好了。」

雖然不像始宇一樣失去工作，但由於始媛超市生意失敗和投資失敗造成的損失，讓媛熙也沒有足夠的錢可以購買出遊券。

「有哪些人會去棒球場？」

「我和建赫、正煥、秀晶、世浣等五個人。」

「什麼？南世浣？南世浣要去棒球場？他也喜歡棒球嗎？」

「因為世浣每天都在看書，我還以為他不喜歡棒球呢，是不是很令人意外？」

始宇似乎對世浣要去棒球場一事感到不滿，開始嘟囔了起來。

「南世浣這傢伙，明明去了棒球場也不可能好好享受，倒不如把那張出遊券給我呢。朋友們，真的就沒其他方法能去棒球場了嗎？」

始宇似乎還無法完全拋棄對於出遊券的眷戀。

「對了，還有那個！信用卡，我要去辦信用卡！」

河鎮和媛熙在聽到始宇莫名其妙的宣言後反問：

「辦信用卡？」

始宇好像從哪裡聽說了關於「信用卡」的事。

「對啊！就連我都知道還有信用卡這種東西。我媽買東西的時候也不是直接付錢，而是刷卡結帳呀？所以我也可以用信用卡購買出遊券，之後再還錢就好了嘛。」

「嗯，雖然是可以這樣沒錯啦……」

河鎮含糊其辭的吞下了後半段的話。他曾聽媽媽說過，信用卡如果不小心使用就糟糕了。

「不過那個信用卡，是任何人都可以申辦的嗎？」

媛熙好像產生了一些興趣，但始宇似乎並沒有仔細了解過這些事項。

「不是想辦就可以辦了嗎？」

「是嗎？好像不是那樣。」

「媛熙，要不要一起去？我們去辦信用卡吧！」

始宇立刻打斷河鎮，猛然從座位上起身。媛熙也隨著始宇站了起來。

「多恩！不對，是信用評價委員大人，請幫我辦信用卡。」

「這不是任何人都可以辦的，必須先確認過信用分數才行。」

「那是什麼？總之快幫我處理吧。」

始宇催促著信用評價委員多恩。

「等一下，所有的事情都是有程序的。」

多恩翻開了信用評價帳簿。

「始宇，你的信用分數是170分，依照陽樂多信用評價的標準來看，你屬於信用等級中的第九級。」

「第九級？哇喔！那就代表我的信用等級很高吧？不愧是我呢。」

「不對，正好相反。1,000分是最高分，而第一級是最好的等級。」

「多恩，那我幾分呢？」

媛熙和河鎮也向多恩詢問。

「媛熙，妳的信用分數是430分，所以是第六級。河鎮的信用分數是800分，所以是第二級。」

「我怎麼會只有第九級？是不是有哪裡出錯啊？」

始宇看到自己和朋友的等級相差甚遠，感到有些驚慌失措。

「等等，我再幫你確認一下。」

多恩又仔細的看了看帳簿。

「始宇，你是第九級沒錯喔。我看了一下帳簿，發現你常常遲到，也很常遲交作業和日記呢。甚至還曾逾期歸還從圖書館借來的書，所以才會被扣信用分數的。」

「遲到和逾期歸還書籍又關信用分數什麼事了？」

「如果及時歸還，信用分數就會提高；如果沒有及時歸還，信用分數就會降低。我們班是以有多麼遵守時限為基礎來計算信用分數的。」

「啊，所以才要將我們繳納作業和日記的時間記錄下來啊。」

媛熙似乎現在才明白過來這是怎麼一回事。

「反正妳幫我辦一張信用卡就對了。」

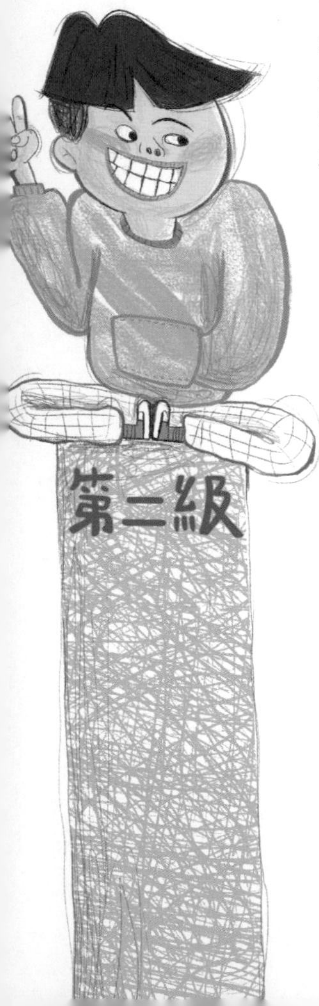

始宇硬是固執的耍賴著。

「喂！你的信用分數那麼低，是要怎麼相信你，幫你辦信用卡啊？信用卡是要根據那個人的信用分數，是只有讓人產生『這個人會還錢』的信賴感的人才能辦的東西。」

「搞什麼，那妳是說我連信用卡都辦不了嗎？」

始宇在知道自己的信用分數太低，無法申辦信用卡的事實之後，再度抓住頭髮絞盡腦汁。

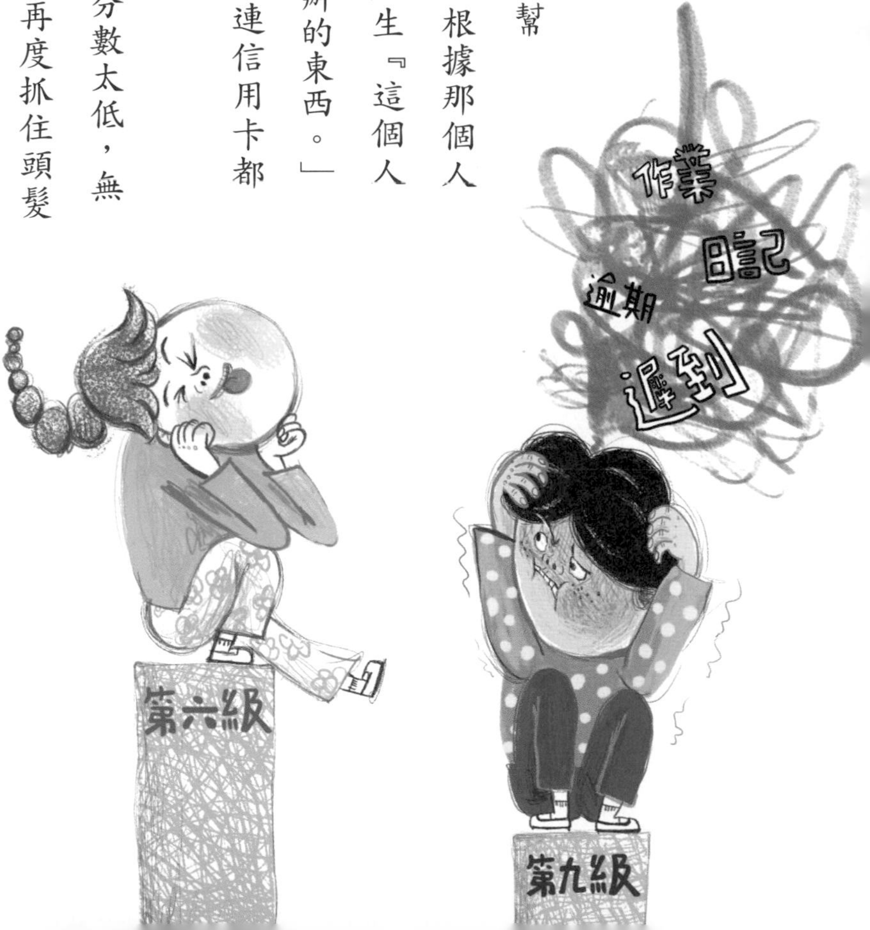

好奇一 為什麼會出現失業者？

失業者指的是那些擁有工作能力和意志，卻找不到工作的人。會出現失業者的原因有很多種，可能是因工作不適合或健康因素而辭職；也可能是因為公司關門，才逼不得已成為失業者。還有，隨著現代的科學技術發展，以人工智能(AI)或機器人取代過去那些仰賴人力工作的情形越來越多，造成工作崗位也相對變少。

失業並不是單純的個人問題，同時也可能會發生在任何人身上，是社會上所有人都必須抱持關心和努力的議題。

好奇二 信用分數為何那麼重要？

假設朋友向你借了東西，卻沒有在約定的日期將東西還給你，而是一直拖延，那你覺得怎麼樣呢？一定會很生氣，對那個人的信任感也會跟著消失吧？銀行也是如此，是不會借錢給那些感覺不會還錢的人的。

像這樣，以數字呈現出「那個人在金錢方面的信賴度」的就是「信用分數」。信用分數是以0到1,000分來替一個人的信用評分。如果信用分數太低，就無法向銀行借錢，也無法申辦信用卡，因此平常好好管理自己的信用分數非常重要。

好奇三 只要有了信用卡，就能隨便用錢嗎？

最近不管是去商店還是餐廳，常會使用信用卡來取代現金結帳。只要一卡在手，就能解決一切事情，真的很方便吧。不過信用卡並不是那種會不斷生錢出來的魔法小卡，是一種先花錢，再於約定日期還款的債務。如果到了約定日期還沒有還款，很可能就會造成信用不良的情況。因此我們不能亂花錢，必須要合理的、有計畫性的花錢才行。

第五章

我絕不會再犯相同的錯誤了

試著創造全新的職業如何？

「昨天真的很好玩，對吧？」

「對啊！如果沒看到昨天的比賽，我一定會後悔的。」

「竟能親眼看見逆轉全壘打，超棒！」

和老師一起到棒球場出遊的那些人，三五成群的聚在教室一角，津津有味的聊著昨天看棒球時發生的趣事，甚至還有人開始唱起自己支持隊伍的加油歌。

「炸雞也很好吃，對吧？」

河鎮也在那群人之中。始宇和媛熙似乎鬧起了彆扭。

「竟然自己一個人去……我聽見我們友

情破裂的聲音了。」

始宇也看了電視上的棒球轉播，知道昨天那場比賽究竟有多精彩。他習慣性的打開自己的存摺，確認一下上面的數字。

93微笑。他丟了工作也沒了薪水，再這麼下去，說不定連下個月的健康保險費和電費都要付不出來了。始宇的表情變得有些沉重。要找到新工作並不容易，因為陽樂多的職缺比班上學生人數還要少。

「嘿，始宇，你別像這樣愁眉不展嘛。我們去玩傳接球吧。」

「好吧，我就用這個來紓解壓力吧。」

始宇和媛熙跑到操場上，互相傳起球。不久，河鎮和世浣也出現了。

「同學們，我們一起玩傳接球吧？」

「什麼？你說一起玩嗎？」

始宇覺得世浣這麼說令人有些傻眼。他們到底是有多熟，竟然會要求一起玩傳接球？再加上世浣明明就討厭運動。始宇很想說「不要！」但仔細想想，這似乎是好機會——是個可以挫挫世浣銳氣的絕佳機會。

「好啊，一起玩吧。」

「搞什麼！你的姿勢也太遜了吧，哈哈哈。」

始宇看見世浣丟球的姿勢，大笑出聲。世浣雖然想要好好表現，但他的運動神經原本就很遲鈍，最後甚至還為了接球而撲通一聲跌倒在地。他試著爬起來，卻又再度被自己的腳給絆倒。

「你現在是在馬戲團表演嗎？」

一群人哈哈捧腹大笑。世浣搔著頭，始宇向他伸出了手。

「南世浣，原來你也有不在行的事情啊。」

到目前為止，始宇一直將世浣看成是各方面都很完美的機器人。但看見他這副狼狽的模樣，開始覺得世浣有人性多了。世浣抓著始宇的手起身。

「我也有很多不在行的事啊。對了，你現在沒有工作，不如就來創造一個新的職業，怎麼樣？」

「這是什麼意思？」

「下個月不是有六年級的樂樂棒球比賽嗎？你那麼會傳接球，應該可以當傳接球助理吧。」

「傳接球助理？」

「就是幫助我們班在比賽中得勝啊。還要負責教那些不會的人。」

在一旁的河鎮也插了進來：

「任何人都可以創造職業嗎？」

「當然呀。雖然職業可能會消失，但也能創造出新的職業嘛。你試著寫一下職業提案書吧。」

撰寫職業提案書

「這樣應該就行了吧？」

始宇先將他的職業提案書拿給河鎮和媛熙看過。紙上寫著始宇歪七扭八的字。

「這內容也太空洞了吧？」

「我覺得你再寫詳細一點會比較好耶？還有，月薪250微笑會不會太多了？這又不像清潔工是每天必須執行的工作。」

河鎮和媛熙一看完始宇的提案書，就開始指出上面的問題。

「喂！我可是苦惱了一整天才寫出來的耶。別說是替我打氣了，你們怎麼能像這樣踐踏剛冒出來的新芽呢？」

<職業提案書>

- 提案者：51 號朱始宇
- 新創職業：樂樂棒球助理
- 需要這項職業的原因：為了讓我們班在下個月舉辦的六年級樂樂棒球比賽中獲勝，需要進行事前練習。這時會需要一位可以協助班上同學練球的人。
- 該職業負責事項：教導那些不擅長打樂樂棒球的同學傳接球和防守的方法。預計於每天放學後留下來上棒球課。
- 該職業應得薪資：250 微笑

本人提議依照上述事項，創造一個「樂樂棒球助理」的新職業。

提案者：朱始宇

「我才沒有踐踏，只是冷靜的指出問題點。」

「好啦，總之我就先照這樣交出去吧。」

始宇和先前不同，變得非常認真。他走向陽樂多的公務員永振。

「我要交職業提案書。」

「請給我吧。結果會在兩天後通知你。」

「要兩天嗎？」

「嗯，因為這不是由我一個人決定，而是要透過『創新職業委員會』來決定的。」

始宇在心中暗自祈禱。

「拜託給我一個新職業吧。」

「始宇！有你的信！」

媛熙拿著一個白色信封，跑向剛上完廁所回來的始宇。

「信？什麼信？」

「是郵差政國剛送來的，說是你的信。因為你不在，所以我就幫你代收了。上面寫著『職業提案書結果通知書』！」

「真的嗎？」

始宇一把搶過媛熙手中的白色信封。他的心開始撲通撲通跳了起來。

「你趕快打開看看吧。」

媛熙催促著始宇，似乎是很好奇職業提案書的結果。始宇做了三次深呼吸才打開信封，拿出紙張。信封內原封不動的裝著始宇提交的那份職業提案書。他攤開摺起來的紙張，看見上面寫著兩個藍藍的大字。

「許可」

「哇哇哇哇！是許可耶，許可！」

始宇發出了歡呼聲，舉起雙手大喊萬歲。

「真的？真的嗎？」

「喔耶！妳是被騙大的嗎？」

始宇難以掩藏住興奮，蹦蹦跳跳的跑著。

「咦？不過這是什麼啊？沒有薪水耶。」

始宇在看到「許可」兩個字之後，就只顧著開心，完全沒有注意到下方小字寫的內容。

上課人數必須達到五人以上。
沒有薪水。
但可向每位樂樂棒球學員收取一個月的學費（30微笑）。

「來喔，各位同學。朱始宇的樂樂棒球教室從今天開始上課！」

始宇一一走向班上每一位同學，將傳單發給他們。因為這是他親手做的傳單，所以上面的圖畫和文字都稍微有些不同。河鎮和媛熙兩人在始宇身後就像在穿披風似的，披著一張大大的宣傳單。

「為了陽樂多班的勝利！只要30微笑就能每天練習棒球！今天第六節下課後，就能開始到操場上課！」

始宇非常熱衷於招募樂樂棒球的學員，但河鎮和媛熙似乎不像他那麼有幹勁。

「喂！我都已經算你們免費了，就不能再更積極一點嗎？」

始宇或許是對兩人的態度感到不滿，突然向他們大發雷霆。其實，

只要花30微笑
就能每天練習樂樂棒球!!
為了讓陽樂各班獲勝！
只要30微笑就能
每天練習樂樂棒球

河鎮和媛熙並不太想幫忙發傳單，但衝著可以免費上課，他們決定還是要幫始宇這個忙。

「好啦，好啦。」

在始宇的斥責之下，媛熙和河鎮也扯開嗓門幫忙宣傳。媛熙甚至還想展現出自己很認真的樣子，開始舞動起像披風一樣披在身上的傳單。

第六節下課後，終於來到「樂樂棒球助理」的第一次活動時間。

「究竟會有幾個人來呢？」

始宇獨自在心裡默默唸著。因為無法領到固定的薪水，所以能來越多同學就越好。若有五個人來，就能賺到150微笑；有十個人來，就能賺到300微笑了。

不久後，要上棒球課的同學們都到了。

「一、二、三、四、五。」

包含河鎮和媛熙在內一共是五個人，人數比預期中還少。再加上河鎮和媛熙是免費的，所以就只有三人是真正參與者。就算向他們三人每人收取30微笑的學費，也只能賺到90微笑而已。始宇就這麼失望的開始了第一堂課。

「咦，不過南世浣沒來嗎？」

始宇正要開始和同學們一起做暖身運動時，才發現世浣不在現場。要他試著創造出樂樂棒球助理一職的人明明就是南世浣，但他卻沒有參與。

「說得一副好像要來參加似的……這傢伙，連個人影都不見！」

「大家辛苦了！明天還要上課，我們就在這裡集合吧！」

始宇雖然因為上課人數不多而感到有點洩氣，但課程進行得還算開心。做完最後整理後，他走出了校門。當他在過斑馬線時，發現有個熟悉的人影從馬路對向的辣炒年糕店建築物中走了出來。

「咦？南世浣！」

眼睛盯著英語單字本行走的世浣停下了腳步。

「你是剛吃完辣炒年糕出來的嗎？」

「樂樂棒球下課啦？」

「什麼啊，你明明就知道有棒球課卻不來上嗎？講得一副好像會參加一樣，真讓人混亂耶。」

「我原本是想去的啊，但放學之後還得去上補習班，我能怎麼辦？」

「補習班？你說要去上補習班，那為什麼是從辣炒年糕店裡走出來的？」

世浣用手指向建築物三樓來回答始宇的問題。

世浣指著的地方有一間英語補習班。

「我只是在上完英文班之後，去上論述補習班之前，過來吃個辣炒年糕而已。對了，沒什麼人去上你的棒球課吧？」

「對啦，就是沒人啦。你是故意要惹我生氣的嗎？」

「我哪有啊，我只是想要告訴你為什麼那麼少人參加的原因。」

「原因？」

「第一！像我這種需要上補習班的同學，即使很想去，卻因為時間無法配合而無法參加。第二！也有很多同學像我一樣沒有棒球手套。你參考一下吧。祝你一切順利。」

世浣只留下這句話，就急忙消失了。

始宇看著世浣的背影嘖嘖咂著嘴說：

「還是那麼愛自以為了不起呢！不過謝啦。」

用保險來防範危險

「謝謝老師！」

始宇向體育老師鞠躬，用嘹亮的嗓音道謝。

「如果你不遵守約定，就馬上禁止使用喔，知道嗎？」

「知道。」

始宇為了取得使用禮堂的許可，連續三天無時不刻的去拜訪體育老師。不知老師是被始宇的努力感動，還是覺得他每個小時都過來實在是太煩人，總之老師最後同意讓他使用禮堂，而且還決定要借他手套。不過也訂下要好好將使用的裝備物歸原位，還有不准使用危險的球棒等這些條件。

「是，老師，我一定會遵守的！」

始宇再次向體育老師鞠躬表示感謝。正當他準備要回教室時，發現放在老師桌上的一顆簽名球。那一定是要送給在本次樂樂棒球比賽中優勝的班級作為禮物的著名棒球選手的簽名球。

「哇，我喜歡的選手都有簽名耶！」

始宇下定決心，一定要在樂樂棒球比賽中取勝，拿到那顆簽名球。

回到教室後，始宇就像是從戰場上取勝回來似的威風凜凜。

「朱始宇？取得老師同意了嗎？」

河鎮和媛熙同時向始宇發問。

「我是誰啊？朱始宇耶，朱始宇。當然取得同意啦！」

「酷耶，你太厲害了吧，朱始宇！」

河鎮和媛熙真心替始宇鼓掌。

始宇修改了現有傳單上的文句。場地從操場改成禮堂，時間從放學後改成午休時間，並且還加上了「出借棒球手套」這句話。

「好，現在應該會有更多同學來了吧？」

始宇預計會有更多同學來向他學習樂樂棒球，他想得並沒有錯。有幾位同學才剛展現出興趣，全班的同學就跟著一窩蜂的跑來。

「如果是利用午休時間，那我要不要也來試試看啊？」

「會出借棒球手套耶。如果我們班可以藉由這個機會，得到樂樂棒球比賽冠軍就太好了。」

又有六位同學跑來報名他的棒球課，現在付費參加課程的人，一共增加到九人，世浣也包含在這九人之中。

「始宇，你真的發大財了耶。」

世浣對始宇說了這句話。始宇藏住心中的喜悅，冷淡的回答：

「嗯，是可以這樣說啦。」

其實始宇很想緊緊抱住世浣。向他提議創造新職業的人、還有告訴他關於上課時間、場地、棒球手套這些意見的人都是世浣。但他到最後還是沒有表達出自己的心意，因為還是感到有些彆扭。

「喔耶！賺了270微笑！」

始宇看著透過樂樂棒球課程得到的收入，開心的大叫著。雖然還得再繳所得稅，但金額已經相當不少。

「哇！如果以月薪來計算，應該是我們班最高的吧？」

媛熙語帶羨慕的吹捧著始宇。

「是嗎？哈哈哈！」

始宇在第二學期開學後，一直接連遇到投資失敗、變成失業者等不好的事情，現在多虧有了這份新工作，讓他的存摺也變得寬裕不少。

「不過話說回來，等樂樂棒球比賽結束後你要怎麼辦？那時還會有很多人來上課嗎？」

河鎮在始宇的興頭上澆了一桶冷水。

「都河鎮！你不要說這種壞人興致的話好嗎！」

始宇用強烈的眼神瞪著河鎮。不過其實河鎮說的也沒錯，等到樂樂棒球比賽結束後，棒球課的人氣肯定會衰退，也無法保證可以繼續使用禮堂和那些棒球手套。

「該怎麼辦才好……」

始宇的臉上突然罩上了一層不安的影子。

「喂，朱始宇。你還是先專心在棒球課上吧。而且一切都會沒事的啦。」

媛熙的話並未替始宇帶來多大安慰。對擁有一次失業經驗的始宇來說，更加擔心起自己的未來。

河鎮想到了一個好主意，拍手說道：

「喂！我們不是有個問題解決

專家嗎？」

「問題解決專家？誰啊？」

「世浣啊。」

「世浣？」

始宇原本一聽到世浣這個名字就會感到厭惡，但現在卻不會那麼討厭了。因為雖然他不太想承認，但世浣的意見確實替他帶來不少幫助。

上完棒球課後，始宇叫住世浣。

「喂，南世浣。」

世浣不發一語的轉頭看向始宇。

「我有事情想要問你……」

世浣舉起手掌，做出要他稍等一下的手勢，看了自己的手錶一眼。

接著又再次轉頭看向始宇。

「馬上就要開始上課了，你等上完第五節課之後，再過來我的位子上找我吧。」

雖然他就如往常一樣，還是一個裝模作樣大魔王，但現在卻值得讓人原諒了。

第五節課結束後，始宇來找世浣。河鎮和媛熙也一起來到他的座位。

「你要問我什麼？」

「那個，就是啊……」

現在要開口詢問了，又覺得自尊心好像有那麼一點受傷。不過話說回來，自尊心又不能填飽他的肚子。

「我擔心樂樂棒球比賽結束後，就沒有人要來上我的棒球課了。」

「所以呢？」

「如果真的變成這樣，那我該怎麼辦？又要變成失業者了嗎？就沒有什麼其他的好辦法嗎？」

「當然有辦法囉。」

「有辦法？什麼辦法？又要再新創一個職業嗎？」

「雖然也是可以那麼做啦，但我推薦你可以加入『失業保險』。」

「失業……什麼？」

始宇似乎是生平第一次聽到這個名詞，反問世浣。

「那是什麼？」

「你要跟我諮商嗎？」

「嗯。」

「所謂的失業保險就是當上班族失業時，國家會給予一定期間的保險金。」

「只要失業國家就會給錢？」

「沒錯。不過你知道什麼是保險吧？」

「當然知道啊！那個，是什麼來著……」

雖然他似乎曾聽父母提過保險的事，但一要他說明，又說不上來了。

「汽車保險！我有聽我媽媽說過。」

不知媛熙是否是想裝懂，突然插話進來。

「沒錯，那個也是保險。所以呢，嗯……」

就連聰明的世浣也變得沉默不語。雖然他對保險做過不少研究，卻難以輕易說明。

「世浣啊，老師可以代替你回答嗎？」

老師彷彿救世主一般，恰巧在對的時機出現。

「好啊，老師。」

「在我開始說明之前，我想要先稱讚一下你們所有人。看見你們為了了解一件事情這麼積極努力的姿態，真的很了不起呢。好，那你們仔細聽好，我要開始說明囉！所謂的保險，就是為了因應未來可能會發生的危險而加入的商品。汽車保險也是一樣的道理。為了因應車禍事故而加入的，就是汽車保險；而為了因應失業的情況加入的，就是失業保險。」

「老師，如果這也是先繳錢，之後再把錢領回來，那不就和儲蓄差不多了嗎？」

河鎮向老師發問。

「這個問題非常好。保險和儲蓄不同。儲蓄在指定的時間過後，就會給付本金和約定的利息，但保險只有在受傷或生病等這些情況發生時，才會給付保險金。因此如果沒有受傷或生病，即使繳了保險費，也很可能拿不到保險金呢。」

「可能會拿不到保險金？這樣的話，儲蓄不是比較好嗎？」

這次輪到始宇發問。

「根據情況不同，有時甚至會拿到比自己繳納的保費更多的保險金呢，是儲蓄利息根本無法相提並論的金額喔。」

「如果能得到更多錢，那保險就是一種投資囉？」

媛熙像是理解似的這麼說。但世浣卻搖了搖頭。

「老師，這點可以讓我來說明嗎？」

「當然啊，請便。」

世浣乾咳了一聲，清了清嗓子，一個字、一個字，字正腔圓的說著：

「保險不是投資。投資是為了讓資金增加，但保險卻是為了預防危險。你覺得有人會因為受了重傷或生病，領到保險金而開心嗎？應該會感到慶幸吧？不是嗎？」

其他人聽見世浣這麼說，點了點頭。

「你們自己再好好聊一下吧，老師就先走了。」

老師默默的消失了。

雖然老師幫了忙，但始宇這次還是得到了世浣的幫助。從他的口中，冒出了一句他從未曾對世浣說過的話：

「謝謝你，南世浣。」

無意間脫口而出的感謝讓始宇感到有些害羞，於是說著要去加入失業保險就準備轉身離去。不過就在這時，世浣突然抓住他的手腕。

「朱始宇。」

世浣攤開右手掌，伸向始宇。始宇不知這是什麼意思，只能呆呆的看著世浣。不一會兒，世浣又用左手食指，指了指自己的桌子一角。始宇將視線移向那個角落。那裡貼著一張小紙條。

財務諮商師南世浣，諮商一次10微笑

「我剛幫你諮商了，所以你得付諮商費。」

「財務諮商師？你不是銀行員嗎？這什麼意思？」

始宇抬高下巴說著。

「我也新創了一個職業。當然已經取得許可，一次的諮商費定為10微笑。我剛才已經幫你諮商有關保險的事宜，所以快給我吧。天下沒有白吃的午餐，我可是放棄了玩樂，每天熬夜苦讀呢。」

始宇真的很想揍自己剛才向世浣道謝的嘴巴一拳。

「喂，南世浣，我取消剛才的道謝！」

「如果還有任何想知道的事，歡迎隨時過來。」

世浣似乎不太在意始宇剛才的話。

<創新職業委員會>公告事項

本月職業提案書的討論結果

- **樂樂棒球助理：** 負責教導那些不擅長打棒球的同學攻擊和防守方法的職業
  → 許可
- **DJ：** 午餐時間接受點播，負責幫忙撥放歌曲的職業
  → 許可
- **財務諮商師：** 負責替那些不擅長經濟活動的同學提供意見的職業
  → 許可
- **醫師：** 在校內負責替受傷同學採取緊急措施及治療的職業
  → 不許可（受傷同學必須前往保健室接受治療才行沒有正確醫學常識的人無法替他人治療）
- **日記檢查員：** 負責確認提交日記的內容及幫忙蓋章的職業
  → 不許可（日記為個人隱私，不能交給其他人看）

好奇一　為何職業會出現和消失？

職業會隨著時代變遷而持續改變。在很久很久以前還沒有自來水的那個年代，還有負責去泉邊打水回來販賣的工作呢。但隨著下水道設施的開發，在家中隨時都能便利的用水，因此賣水人這項職業就消失了。

反之，也出現了一些新的職業。隨著電腦的誕生，同時也出現了電腦開發者這類的職業。未來說不定還會因為科技的發達，而出現機器人賣家、協助前往外太空旅行的外太空之旅導遊等職業呢。

就像這樣，職業會隨著時代與需求而消失和出現。

好奇二 加入保險不會虧錢嗎？

我們來假設一下，在路上突然被車撞到而發生車禍。這時可能會需要動手術，也可能會需要在身體恢復之前，休息一段時間而無法工作賺錢。如果已經存了很多錢，那真是慶幸；但若非那種情況，就可能會無法動手術或住院。這時若事先已經投保（加入保險），在遇到突發事故或疾病時，就能請領保險金，好好接受治療了。

保險是由那些可能會遇到同一種類事故的人，事先將固定金額的錢一起存起來，並向遭遇事故者提供保險金，以進行損害賠償的商品。考慮到年齡、

職業、健康狀態等各種因素，被列為高危險群的保費會比較高，而低危險群的保費則是相對低廉。如果沒領到保險金，可能會讓人覺得是虧錢，但最好還是不要受傷或生病對吧？

好奇三 請告訴我什麼是四大保險

社會保險是為了保障國民福利，由國家負責管理的保險。必須義務性的加入，因此也被稱作是國民四大保險。

「年金保險」也被稱為國民年金，是沒有雇主以及自雇者以進行經濟活動時期繳納的保險費為基礎，在上了年紀、因事故或疾病造成死亡或殘障而收入中斷時，可以領到得以維持基本生活的年金。

「全民健康保險」是為了減輕因疾病、受傷、事故等產生的醫療費負擔的保險。

「失業保險」是在那些因解雇、裁員等原因而失去工作的失業者尋找新工作的期間，給付足以維持生計的保險金，並提供職業訓練獎勵金的制度。

「職業災害保險」則是在勞動者遭遇業務相關的意外事故時，支付該勞動者與遺屬們保險金的制度。

第六章

再見，陽樂多的同學們

在時間不停流逝之下，來到了十一月。現在的空氣轉涼，學校附近的樹木也開始染上紅色。

始宇加入了失業保險。如果他不小心失業了，那麼在他找到新工作之前，每個月都能領到130微笑的保險金。雖然金額並不多，但即使再次變成失業者，也稍微能安心一點。這段期間，他的樂樂棒球課一直進行得很順利，或許正因為如此，陽樂多班在球賽中一次又一次的戰勝了其他班級，最後來到了決賽。

今天是大家期盼已久，和六年三班決賽的日子！

「陽樂多！陽樂多！獲勝吧！」

「三班！三班！獲勝吧！」

坐在操場觀眾席上的孩子們，各自忙著替自己的班級加油，炒熱了整個學校的氣氛。

「好緊張喔，對吧？」

「別緊張，就照練習時那樣表現就行了。」

河鎮安慰著坐立不安的媛熙。

「開心玩就好，這樣就會獲勝的。」

始宇為了緩解媛熙的緊張，也說了這句話。他們一定要獲勝，要大開零食派對，還要得到那顆作為獎品的簽名球。比賽就在陽樂多班先攻的情況下展開了。

「獲勝吧！加油！」

陽樂多班的同學們全都聚在一起高喊著加油。參賽的選手大多都是上過始宇課程的那些同學。

「好，比賽開始。嗶！」

比賽隨著體育老師吹響的哨子聲開始了。陽樂多班第一位打者是河鎮。他做了一個大大的深呼吸，接著揮出球棒。球畫了一個大大的拋物線飛向遠方。球落在一個沒有人可以接得住的地方，成為了安打。

「哇啊啊！」

陽樂多班爆出了歡呼聲。反之，三班發出了覺得可惜的感嘆聲。以河鎮一支安打而展開的比賽，形成了一場緊張的拉鋸戰。

一比零。

一比一。

三比一。

三比四。

六比五。

比賽不知不覺的來到了尾聲。

「一班目前以一分的差距領先。跑者為滿壘！如果碩民出局，一班就贏了。」

體育老師替大家整理出目前的戰況。

這場比賽的最後一號打者——三班的碩民已做好擊球的準備。如果碩民擊出安打，那陽樂多班很可能就會輸掉。所有人都屏氣凝神，安靜的盯著碩民的球棒。

「專注點！專注！」

站在游擊手位子上防守的始宇向同學們大喊。

「球飛來我這裡吧，我會讓你出局的。」

始宇在心裡想著。

那一瞬間，碩民狠狠盯著球用力揮出球棒。被球棒擊中的球飛得很快。始宇為了接球，開始往左邊跑，但卻無法輕易拉近和球之間的距離。他使盡吃奶的力氣向球飛撲過去，並伸出手套。他緊閉著雙眼。

「哇啊啊啊啊啊！」

觀眾席上發出歡呼聲，就連倒在地上的始宇也聽見了，但他卻無法分辨那個歡呼聲究竟是陽樂多班還是三班發出的。始宇慢慢睜開眼睛，張開自己的手套往裡面看。手套裡有一顆黃色的樂樂棒球。

「出局！」

體育老師緊握右拳宣判出局。同時，陽樂多班的同學們全都瘋狂撲向始宇。

「始宇！我們贏了！」

「恭喜陽樂多班！大家辛苦了！」

老師和同學們圍成一圈，享受著零食派對。獲勝的喜悅還沒消失。

「始宇，你真是太酷了！」

「如果沒有始宇，我們應該就輸了吧。」

始宇聽見班上同學對他的稱讚，嘴角始終掛著微笑。

過了一會兒，秀晶舉手向老師發問。

「老師，作為獎品收到的那顆簽名球該怎麼辦呢？」

「不是決定好要放在班上展示了嗎？」

媛熙代替老師回答。

「那我們畢業之後又該怎麼辦？」

秀晶這次直接詢問媛熙。

「啊，對耶。」

「老師！給我！給我吧！我從以前開始就很想要了！」

「喂！朱始宇，為什麼要給你？就算你很厲害，也不能這樣吧。」

「對啊，不能這樣。我們大家來猜拳好了？」

河鎮可能也想得到簽名球，說了這句話。

「對啊，我也想要。」

「我也是，我也是！老師，請給我吧！我在第一場比賽中還擊出了全壘打呢！」

「我雖然沒參加比賽，但卻比任何人都更賣力加油。我也想要那顆球！」

因為大家都吵著想要得到簽名球，教室裡變成一片混亂。

「我們這麼做怎麼樣？透過拍賣來決定購買這顆簽名球的人。」

老師提議進行一場「拍賣」。

「拍賣？」

「老師，什麼是拍賣？」

對拍賣一詞感到陌生的同學們，紛紛問著老師。

「拍賣就是當有好幾個人都想購買同一個物品時，將物品賣給出價最高者的方式。因為有很多同學都想得到簽名球，所以我們就透過拍賣來出售簽名球吧。拍賣日就定在寒假結束之後的二月吧。」

「哇，希望二月可以快點來。」

「還有一點！如果各位家中有用不到的物品，也可以帶來喔。或許會有其他同學需要呢。我們也來拍賣那些物品吧。」

「哇，好啊。」

「哇，人真的變好多喔。」

媛熙看著這些聚集在禮堂裡暖身的陽樂多班同學，驚訝的說。先前陽樂多班來學習樂樂棒球的人一共有十二人，原本以為棒球比賽結束後大家就不會來上課，沒想到人數反而變多了。

「早知如此，那始宇你就不用加入失業保險了嘛。你都加入了，錢卻拿不回來。」

聽見媛熙這麼說，始宇雖然覺得自己或許真的白投保了，但他很快又改變想法。

「不會啦。多虧我加入保險，才不用太過擔心啊。而且和那130微笑的保險金相比，我現在不僅賺得更多，還很有趣呢。」

比起無法領到保險金的遺憾，始宇更慶幸自己的工作沒有消失。

「話說回來，你們也想買簽名球吧？」

媛熙似乎是想起簽名球，轉移了話題。

「不知道耶。簽名球雖然很好，但我覺得出遊實在是太有趣了，所以還在考慮二月份要再買一次出遊券。」

河鎮似乎還無法做出明確的決定。

「始宇，你要怎麼做呢？」

「我當然是選簽名球啦。我喜歡的選手簽名都在上面呢。」

話說回來，始宇正煩惱著在拍賣之前該如何管理資金比較好。

「應該要存起來？還是拿去投資呢？可是儲蓄的利息比較少，如果

投資又再次失敗該怎麼辦？我還想要吃零食，也想買免寫日記券。」

始宇的腦子塞滿各式各樣的想法，變得複雜了起來。這時，有一顆球滾到他的腳前。

「朱始宇，可以幫我把球傳過來嗎？」世浣向他揮著手套。始宇將球從地面上撿起來，傳給了世浣。始宇丟出的球根本就不用費力去接，直接準確的飛進世浣的手套裡。

「哇！朱始宇不愧是最強的耶！」

媛熙發出驚嘆。

「啊，真希望我的理財也能像樂樂棒球一樣厲害。」

始宇失神的說著。

累積700微笑計畫

始宇去找陽樂多銀行員子英。

他覺得與其將靠樂樂棒球課賺到的這些錢放在身上，不如拿去存起來還比較好。

「銀行員，我來存錢了。」

「你好，我知道了。請給我存摺。」

子英高興的迎接始宇。

「始宇，你得先在存摺寫上你想要加入的存款內容才行。」

「啊，這樣啊？」

始宇又再次拿回存摺。接著他雖然拿起了原子筆準備寫上存款內容，卻連一個字都寫不出來。

「子英，這要怎麼寫啊？」

「啊，對了。始宇你是第一次存錢吧？」

子英親切的向始宇說明存錢的方法。始宇在繳納完稅金、健康保險費和電費之後剩下的錢當中，拿出250微笑加入為期六週的定存商品。

「始宇，到期之後我會再通知你。」

「好喔，謝謝妳。」

現在始宇手上就只剩下30微笑左右的錢了。這些錢可以用來買一包零食，或是一張免寫日記券。如果是以前的始宇，他可能會馬上頭也不回的跑去買零食來吃，但現在的他似乎變得有些不同。

「來，給你10微笑。」

始宇將存摺交給世浣。世浣書讀到一半，抬起頭來看向始宇。

「這是什麼？」

「我要進行財務諮商。」

「我是財務諮商師南世浣。請問你想諮詢什麼？」

世浣像機器人一樣，用生硬的嗓音說著。

「世浣，你是怎麼存到這麼多錢的？我想請你教我理財的方法。」

「這很簡單啊，只要多賺一些和少花一些就行了。」

「誰不知道這個道理啊？」

聽到世浣說出這些理所當然的話，始宇瞪了他一眼。

「既然你知道，當初為什麼不那麼做？」

世浣的話讓始宇無言以對。

「唉唷，我當時就是想吃就吃！想花就花嘛！這有什麼不對？」

「理財時要先有一個目標。你好像也有了目標嘛。是簽名球對吧？」

世浣似乎是看透了始宇的心思。

「嗯，我想要得到簽名球，所以剛跑去把錢存起來，但我擔心光靠這點錢還是不夠。」

「把錢存起來很好呢。那你要不要試著投資看看？」

「投資不是很危險嗎？我可不想把錢全部賠光。」

始宇想到投資失敗的那場惡夢。

「始宇，你當初是只憑著自己的直覺投資才會失敗。投資不是賭博，必須先掌握有關投資對象的準確情報，好好的分析過後再進行投資。那麼就能像我一樣，靠著投資賺取大量的利潤。投資並不危險，是在不了解的情況之下就進行投資才會危險。」

始宇想起世浣40％的投資報酬率，接著又想起自己曾經得到33％報酬率的這件事。

「投資比較好嗎？」

「比起盲目的將所有財產都拿去投資，不如適度的運用穩定的儲蓄和報酬率較好的投資會比較恰當。」

能好好說明儲蓄和投資想法的世浣感覺就像專家一樣，始宇打從心底佩服起世浣。同時也更加確信自己如果能得到世浣的幫助，就能將資產管理得更好。

「我已經幾乎把所有的錢都拿去存了，接下來該怎麼做會比較好？」

世浣沉思了一會兒後詢問始宇：

「你有信心能照著我說的去做嗎？」

「嗯，我會照著你說的去做的。我也想要像你一樣，能夠管理好資產。」

「很好，那始宇你先以累積700微笑為目標吧。」

聽見始宇的回答後，世浣拿出一張紙，開始認真的在上面寫起字來。

「所以世浣要你怎麼做？」

河鎮和媛熙向始宇發問。始宇不發一語的將手上的紙拿給兩人看。

紙上寫著大大的標題：

朱始宇的累積700微笑計畫

標題下則是用小字詳細寫下始宇目前擁有的資產、未來會賺到的錢，以及之後要花的錢等等。另外，還分別寫出了需要花多少錢在儲蓄和投資上面。

「這是什麼？未免也太複雜了吧？」

媛熙看著這張寫著數字的紙，頭痛的說。

「嗯，就是要我減少消費、進行儲蓄和投資。但也不能進行太過度的投資。」

「那你現在連一毛錢都不花了嗎？」

河鎮向始宇問道。

「嗯，現在我要把賺的錢通

通都累積起來。」

「真奇怪，世浣明明說過只懂得省錢是不好的行為耶？」

始宇想起世浣在諮商時說過的話。

「沒錯。他說過為了將來而全面放棄現在的滿足感，簡直就是一件傻事。」

「那花錢如流水的你就做得很好嗎？」

「倒不是這樣。像我一樣毫無計畫的盲目用錢也不好。」

「喔！始宇你完全變了另一個人耶。明明以前還高唱著自己討厭世浣。」

始宇沒有回答。因為不知從何時開始，始宇已經開始喜歡起世浣這個朋友了。

「投資公司職員，我來贖回之前投資的錢。」

始宇走到投資公司職員妍斗面前。可能是距離寒假剩不到幾天了，投資公司門口忙得不可開交。

「我看看，始宇你投資了老師的體重。老師增加了0.7公斤，所以你得到7％的利潤。然後你投資的錢是……」

「我投資了100微笑。」

始宇趕緊回答。

「啊！沒錯。100微笑的7％是7微笑，加起來總共是107微笑。給你。」

雖然始宇期望能得到15%左右的利潤，但漲幅卻沒有那麼大。儘管如此，這樣的利潤和三週3%存款利息相較之下，已經算很多了，所以始宇決定就此滿足。

「始宇，你把投資的錢贖回來了嗎？」

站在附近的河鎮走向始宇。

「嗯。」

媛熙拉著始宇的手臂。
「我們去禮堂吧。」
媛熙催促著始宇快去上棒球課，但始宇似乎還有其他事情要做。
「等等，我得先去一個地方。」
始宇接著來到的地方是銀行員子英的座位。
「銀行員，我來存錢

了。」

始宇現在也能順利存錢了。他將稍早前贖回的107微笑，全都拿來加入為期六週的儲蓄商品。

「子英，這在我們決定好的拍賣日之前就會到期了吧？」

「沒錯。二月的第一週就到期了，你那時候再來領出就行了。」

始宇照著世浣教他的，將定存的到期日設定在簽名球拍賣的前一天，否則很可能會領不到全數的利息，也可能必須得中途解約才行。

「我要存到很多錢，一定要得到那顆簽名球。」

始宇再次想著自己存錢的目標。

「始宇，感覺你確實好像有哪裡變得不一樣了。我看我也去找世浣做一下財務諮商好了。」

陽樂多班同學們在小學裡度過的最後一個二月寒冷得直讓人嘴裡冒出白煙。放假期間長高不少的始宇、河鎮和媛熙一起坐在教室裡。

「不能再打樂樂棒球，真是太可惜了。」

河鎮的聲音中流露出深深的遺憾。

「就是說啊，我原本還想著要在上國中之前盡情的多打幾場呢。」

媛熙也一樣感到惋惜。

「對了，始宇你又沒工作了，怎麼辦才好？」

河鎮焦急的看著始宇。由於放假期間進行的學校禮堂工程有些延誤，造成他們再也不能利用午休時間在禮堂裡上棒球課。

「那也沒辦法。操場太冷了，很容易感冒。」

「那你要存到700微笑是不是也會跟著變難啊？」

媛熙回想起始宇的累積700微笑計畫說道。因為媛熙也想要得到那顆簽名球，所以她偷偷的試探始宇身上有多少錢。

「不過我還有保險金可以領，所以也不會少太多。」

雖然這是始宇第二次失業，但他卻非常平靜。因為幸虧他之前就先加入了失業保險，現在才得以領到130微笑的保險金。雖然比從其他同學那裡收到的學費還少，但至少可以避免造成過多損失，所以並沒有感到太大的不安。

始宇翻開自己的存摺，上面已經存到了670微笑。這是他加入的儲蓄商品到期後，包含本金和利息累積下來的金額。

「如果能用這筆錢買到就好了。」

正當始宇這麼想時，上課鈴聲響了，老師從座位上起身。

「好，各位同學。我們要按照約定，開始進行拍賣活動了。請各位先將今天帶來要拍賣的物品都拿到前方吧。」

「沒有人要出價了嗎？那麼企鵝鑰匙圈就以130微笑成交囉！咚！咚！咚！」

決定好可以購買可愛企鵝鑰匙圈的人是世雅之後，同學們紛紛鼓掌。秀彬負責扮演一日拍賣師的角色，整個拍賣也進行得十分順利。

「會有多少人想買簽名球啊？」

始宇看到物品買家少時，賣價就低；買家多的時候，賣價就高的情況，開始變得緊張起來。到目前為止，最便宜的物品是以20微笑，最貴的物品是以500微笑賣出。甚至還有一些東西是沒人想要，所以根本就賣不出去。

「接下來要賣的是學校門口那間辣炒年糕店的新品優惠券。」

辣炒年糕優惠券的拍賣開始了，好幾位同學紛紛舉起手又放下。

「德浩，430微笑！」

河鎮猛然舉起手說：

「河鎮，450微笑！」

秀彬環顧了一下四周，說：

「450微笑！沒有人要出價了嗎？……那麼就成交！咚！咚！咚！」

辣炒年糕店的優惠券由河鎮得標。接著負責擔任拍賣師的秀彬又拿出了下一項拍賣物品。

「好，接下來要拍賣的是我們班在樂樂棒球大賽中得到的獎品——著名棒球選手們的簽名球。」

終於輪到始宇期待已久的簽名球拍賣了。教室裡開始騷動起來。看來有很多同學都想得到那顆簽名球。

「好，拍賣價從10微笑開始，每次出價增加10微笑。」

拍賣一開始，始宇就猛然舉起手說：

「始宇，20微笑！」

接著，四處也開始紛紛傳出其他同學的叫賣聲。

「30微笑！」

「40微笑！」

「50微笑！」

轉眼間，賣價就飆到了100微笑。

「哇。」

賣價以驚人的速度不斷飆高。同學們也嚇了一跳。

拍賣師秀彬提高了價格的單位。

「好，從現在開始一次增加20微笑。」

雖然舉一次手，價格就會增加20微笑，但參與競標的同學們似乎還是非常踴躍。

「120微笑！」

「140微笑！」

「160微笑！」

始宇又舉了兩次手。每當有同學舉手，他就越來越擔心自己會買不到那顆簽名球。

賣價在不知不覺中飆到了500微笑。拍賣師秀彬這次宣布出價單位提高到50微笑。這時，四處都發出了惋惜的感嘆聲。現在誰也不敢貿然舉手了。河鎮和媛熙似乎也放棄購買簽名球。究竟誰會喊出550微笑呢？班上同學就只是彼此互相察言觀色，不敢輕舉妄動。

就在這時，始宇舉手大喊：

「550微笑！」

「哇！」

這是在今天拍賣中出現的最高價格，同學們都張大了嘴。現在看似不會有人再出更高的價格了。但就在這時，又出現了一位喊價600微笑的同學——棒球迷正煥。

600微笑！這是一筆鉅款。始宇和正煥互相看著對方，空氣中莫名繚繞著一股緊張感。始宇所有的財產是670微笑。他的煩惱加深了。在經過長時間的猶豫後，始宇又再次喊出：

500微笑
650微笑！
棒！！
220微笑
160微笑！

「始宇，650微笑！」

接著他迅速看向正煥。正煥深深嘆了一口氣。

「好，在我數到三之前，如果沒有人舉手出價，就以650微笑結標囉。」

始宇雙手合十祈禱，希望沒有人舉手出價。

「三、二、一，結標！」

教室裡響起「咚！咚！咚！」，宣告結標的拍賣槌聲。

「喔耶！我辦到了！」

始宇緊握著拳頭朝向空中揮拳，發出歡呼聲。

始宇、河鎮和媛熙三位好朋友在下課後，來到了久違的辣炒年糕店。河鎮決定要用他剛才在拍賣會中得標的辣炒年糕優惠券請客。始宇手上拿著簽名球，臉上堆滿了幸福的笑容。

「朱始宇，借我看一下。」

媛熙伸出手，想要摸一下簽名球。

「喂！不行！會磨損。妳別碰。」

始宇將握著簽名球的那隻手伸得遠遠的，趕緊放到包包裡。

「唉唷，你還真小氣耶。」

「說我小氣也沒辦法，那是我寶貝的簽名球。」

始宇就像是抱著一隻小狗似的，摸了摸放有簽名球的書包。

「話說回來，始宇你真是了不起。我原本你會大手大腳的花錢，沒想到你這麼會理財，甚至還買到了簽名球呢。」

一聽見河鎮的稱讚，始宇就得意的聳起了肩膀。始宇在這段期間經歷過的事情，就像是電影場景般的一閃而過——完全沒有理財、始媛超市的倒閉、在投資中經歷冷暖、失業等等。

就在這時，有一張臉突然出現在三人之中。

「喂，南世浣！」

三人嚇得同時驚叫出聲。世浣指著一張椅子，上面放著他的包包。

「是我先佔到的位子。」

三人移動到隔壁桌去。

「辣炒年糕好了。」

「哇，看起來真好吃。」

三人在一瞬間就將辣炒年糕清空了。

當河鎮和媛熙走到店外時，始宇沒有馬上出去，而是在店裡猶豫了一下。接著他轉頭看向世浣。

「喂，南世浣。」

「幹嘛？」

「謝謝你。」

世浣露出笑容，用紙巾擦了擦嘴巴，再度開口：

「你不需要謝我。其實我也沒想到你會將我說的那些執行得那麼好。」

「真不愧是南世浣。」

始宇走到外面。

「你們要去哪裡？」

「我要去補習。」

「我也要去補習。」

河鎮和媛熙兩人要去上補習班，始宇則是回家。

「路上小心！明天見。」

風變涼了。始宇將手伸進褲子的口袋裡。他的手指頭摸到幾枚硬幣。

那一瞬間，他的腦海裡冒出了一個想法。

始宇回到家中，一見到媽媽就立刻大叫：

「媽！這次的零用錢我要存起來。請幫我辦一本存摺！」

媽！
這次的零用錢我要存起來

陽樂多經濟小常識充電站

好奇一　什麼是價格？

假如沒有訂出價格，那我們在文具店想要買一枝自動鉛筆，卻不知道該付多少才好，會感到非常為難吧？

像這樣用錢來標示出物品價值的，就叫做「**價格**」。除了物品之外，我們也能替戲劇表演或宅配等這類服務標上價格。

好奇二 價格是怎麼訂出來的？

賣東西的人想要以高價賣出物品，買東西的人則是想要盡可能以低價購入物品，因此價格會決定在賣家和買家雙方都能同意的水平線上。在價格決定上，會造成重要影響的因素就是「需要」和「供給」。

當需要——物品數量有限，但想買的人很多時，價格就會上漲。反之，當供給——物品的供給量很多，但購買的人很少時，價格就會下跌。最後物品的價格會適當的在供需一致的支點上形成。

好奇三 什麼是拍賣？

拍賣一般指的是在買家和賣家之間，將物品販賣給開價最高者的交易型態。一般在販賣難以訂價或價格變動較大的商品時，會採取拍賣的形式來進行。除了農產品和水產品之外，尤其是在販售貴重珠寶、名畫家的畫作、具有珍貴歷史價值的古董品等，這些在全球數量非常稀少或僅有一件的物品時，也會採取這種交易方式。

國家圖書館出版品預行編目資料

教室裡的理財冒險王：在賺錢、繳稅、創業、投資中,培養受用一生的財商思維／玉孝珍著;金美妍繪;賴毓棻譯.——初版一刷.——臺北市：三民，2022
面；　公分.——（小書芽）
譯自：세금 내는 아이들
ISBN 978-957-14-7433-5（平裝）
1. 經濟學 2. 通俗作品

550　　111004522

小書芽

教室裡的理財冒險王：在賺錢、繳稅、創業、投資中，培養受用一生的財商思維

作　　者｜玉孝珍
繪　　者｜金美妍
譯　　者｜賴毓棻
責任編輯｜許婕筑
美術編輯｜劉育如

發 行 人｜劉振強
出 版 者｜三民書局股份有限公司
地　　址｜臺北市復興北路 386 號 (復北門市)
　　　　　臺北市重慶南路一段 61 號 (重南門市)
電　　話｜(02)25006600
網　　址｜三民網路書店 https://www.sanmin.com.tw

出版日期｜初版一刷 2022 年 6 月
書籍編號｜S859600
I S B N｜978-957-14-7433-5

三民書局